DAS BUCH

Woran kranken Körper und Seele, unsere Beziehungen –
ja, die ganze Welt? Daran, dass wir nur zu oft Menschen
mit einem verschlossenen Herzen sind.

In 40 Thesen legt die Autorin dar, warum Nichtfühlen
Leid erzeugt und warum bewusstes Fühlen vom Leid be-
freit. Durch die lebendige Mischung aus Erläuterungen,
Geschichten und Übungen bringt sie uns in unmittelbaren
Kontakt mit unserem Inneren und in Einklang mit unse-
ren Mitmenschen.

Die wieder gewonnene Fähigkeit zu fühlen wird zum
inneren Kompass, mit dem wir das Schiff unseres Lebens
in jeder Situation auf Kurs halten können. Damit wir die
Kraft, die Kreativität und das Glück haben, unser ideales
Leben zu leben.

DIE AUTORIN

Safi Nidiaye ist eine der meistgelesenen deutschen Auto-
rinnen im Bereich der psycho-spirituellen Lebenshilfe.
Aus der Praxis der Meditation heraus entwickelte sie zu
Beginn der 1990er-Jahre die »Körperzentrierte Herzensarbeit«, eine in Laien- und Therapeutenkreisen inzwi-
schen etablierte Methode der Selbstwahrnehmung, mit
deren Hilfe die Lösung von Lebensproblemen, die Befreiung von körperlichen Symptomen und das Erwachen
aus falschen Identifikationen erreicht werden kann. Safi
Nidiaye lebt mit ihrem Mann, dem Maler Francis Gabriel,
in Südfrankreich. Sie vermittelt die Körperzentrierte Herzensarbeit in 5-Tage-Intensiv- & Ferien-Seminaren in verschiedenen Sprachen. Außerdem bildet sie interessierte
Laien und Therapeuten zur Weitergabe der Methode aus.

Alles über Seminare, Ausbildung, Bücher:
www.safi-nidiaye.de

SAFI NIDIAYE

Wieder fühlen lernen

Wie wir uns selbst und die Welt heilen können

WILHELM HEYNE VERLAG
MÜNCHEN

Verlagsgruppe Random House FSC® N001967
Das für dieses Buch verwendete
FSC®-zertifizierte Papier *Holmen Book Cream*
liefert Holmen Paper, Hallstavik, Schweden.

Taschenbucherstausgabe 05/2014

Printed in Germany 2014
Umschlaggestaltung: Guter Punkt, München
Umschlagmotiv: © Andrea Haase/shutterstock
Redaktion: Dr. Juliane Molitor
Herstellung: Helga Schörnig
Satz: Leingärtner, Nabburg
Druck und Bindung: GGP Media GmbH, Pößneck
ISBN 978-3-453-70253-0

www.heyne.de

Inhalt

Einführung

Es ist allerhöchste Zeit, dass wir wieder fühlen lernen. Wir haben uns von fühlenden und mitfühlenden Wesen zu denkenden Menschen mit verschlossenen Herzen entwickelt, und daran krankt unsere ganze Welt. Wir alle leiden – mehr oder weniger bewusst – und verbreiten Leid. Wir leiden, auch wenn es uns im Prinzip gut geht und an nichts fehlt, aber wir verdrängen dieses Leid. Wir sind ganz darauf eingerichtet, im Alter für den Spaß zu bezahlen, den wir heute haben. Dann nämlich – und damit rechnen wir fest – werden wir hinfällig, krank und debil sein. Deshalb ist die Pflegeversicherung bei uns auch Pflicht. Dabei könnten wir in Gesundheit, Schönheit und Würde altern, wenn wir das Fühlen nicht verlernt hätten. Fühlen ist sowohl unser inneres Erleben als auch eine innere Wahrnehmung, eine ganz direkte Wahrnehmung, unmittelbarer und vollständiger in ihrem Informationsgehalt als alles, was Sinne und Verstand uns vermitteln können. Wir fühlen unseren Körper, seine Nöte, Mängel, Bedürfnisse und Schmerzen und die dahinter verborgenen seelischen Nöte. Wir fühlen alles, was mit unserem Körper in Kontakt kommt, ihn berührt, streift oder in ihn eindringt. Wir fühlen, ob es gut für ihn ist oder nicht. Wir können fühlen, was jemand denkt und tun wird. Wir können fühlen, was geschieht oder was wir zu tun haben und was in den Herzen anderer Menschen vor sich geht. Wir verfügen über die Fähigkeit, fühlend in unmittelbaren Kontakt mit allem zu treten. Wenn wir diese Fähigkeit wieder entdecken und kultivieren, kann sie sich als unser roter Faden auf dem Weg des Glücks und der Gesundheit erweisen.

Wer aufhören möchte zu leiden, muss anfangen zu fühlen. Das ist die Quintessenz dieses Buches. Oder negativ ausgedrückt: Wer nicht fühlen will, muss leiden. Warum das so ist, habe ich in vierzig Thesen zusammengefasst, die ich in den folgenden Kapiteln vorstellen und erläutern werde. In den Kapiteln des zweiten Teils werde ich etwas ausführlicher darlegen und mit Beispielen und Geschichten erläutern, was Fühlen bedeutet, und warum es so wichtig ist, wieder fühlen zu lernen. Übungen, Lernschritte und Anregungen, die Ihnen helfen, das Gelesene im täglichen Leben umzusetzen, habe ich in diese Texte eingestreut. Das macht es Ihnen leichter, das Gelesene auf relativ mühelose Weise umzusetzen und tatsächlich Schritt für Schritt »wieder fühlen zu lernen«, anstatt nur etwas darüber zu lesen und den Praxisteil dann zu überspringen, weil Ihnen die Geduld fehlt, sich durch fünfzig Übungen zu arbeiten. (So würde es mir jedenfalls ergehen.) Sollten Sie jedoch erst den gesamten Text lesen und sich die Übungen anschließend in aller Ruhe vornehmen wollen, so haben wir Ihnen auch dies leicht gemacht. In einem gesonderten Verzeichnis auf den Seiten 238/239 finden Sie alle Übungen auf einen Blick.

Ein Hinweis zur Praxis: Wie überall, so gilt auch beim Wiedererlernen des Fühlens, dass der Weg das Ziel ist. Damit Sie nicht in die entmutigende Vorstellung verfallen, hart an sich arbeiten zu müssen, um irgendwann, nach Jahren fleißigen Übens ein Mensch zu werden, der unmittelbar fühlen kann, statt sich den Kopf zu zerbrechen und mit emotionalen Reaktionen herumzuplagen, weise ich gleich zu Beginn darauf hin, dass wir mit jedem

Schritt, den wir tun, am Ziel sind. Es gibt kein Ziel. Es gibt nur Fühlen. Fühlen findet in jedem Augenblick statt. Die Frage ist nur: Sind wir dort, wo es stattfindet? Sind wir bei uns?

»Wieder fühlen lernen« ist nichts, was durch reines Lesen, Nachdenken und Verstehen geschieht. Es muss im täglichen Leben geübt werden. Aber ich kann Ihnen versichern: Die Übung des Fühlenlernens ist alles andere als eine unerfreuliche Angelegenheit. Eher kann das Leben ohne sie zur unerfreulichen Angelegenheit werden. Und wie ich schon sagte: Wer nicht fühlen will, muss leiden. Fühlen ist die wunderbare, uns von der Natur gegebene Fähigkeit, unmittelbar wahrzunehmen – ganz ohne die Vermittlung unserer fünf Sinne und ohne dass wir unser Denken bemühen müssen. Wer sich auf diese Fähigkeit zurückbesinnt und sie wiederentdeckt, erlebt einen ungeheuren Zuwachs an Lebendigkeit, Intuition und Leichtigkeit. Fühlen ist so einfach. Wenn wir etwas mit unseren fünf Sinnen wahrnehmen, so geschieht dies aus der Distanz heraus: Hier bin ich. Dort ist das, was ich wahrnehme. Alle Wahrnehmung ist mittelbar und bereits Interpretation. Im Fühlen gibt es keine Distanz. Die Wahrnehmung ist unmittelbar. Fühlend erlebe ich etwas in meinem Innern, beispielsweise die Emotion eines anderen Menschen, die Ausstrahlung eines Ortes, einer Farbe, eines Nahrungsmittels, das Herannahen eines Ereignisses oder auch meine eigene Emotion.

Fühlen kam in unserer zivilisierten Welt aus der Mode, als der Verstand die Vorherrschaft über das Wissen des Herzens und die eingeborene Weisheit des Körpers übernahm. Nun brauchen wir Ernährungsberater, die uns sagen, welche Nahrung für uns geeignet ist, Ärzte, die uns verraten, was uns fehlt, wenn unser Körper Alarm schlägt, Psychotherapeuten, die uns helfen, unsere Gefühle zu entdecken, Farbberater, die uns darüber informieren, welche Farben uns gut tun, Astrologen, die uns helfen, die richtige Entscheidung zu treffen. Wir müssen von anderen lernen, wie man aus den Gesichtszügen oder der Haltung eines Menschen etwas über sein Inneres erfahren kann oder wie man den richtigen Partner findet und die richtige Entscheidung trifft. Wir müssen uns eine Menge Spezialwissen aus zweiter und dritter Hand aneignen, um Dinge über uns selbst herauszufinden, die wir ganz einfach feststellen können, indem wir *fühlen*. Wir haben ein »Gefühl« für all das, und dieses Gefühl ist unfehlbar. Wir müssen es nur wahrnehmen. Nehmen wir es wahr, ist es leicht, zur richtigen Zeit am richtigen Ort zu sein und die richtigen Dinge zu tun. Nehmen wir es nicht wahr, wird das Leben zu einer komplizierten Angelegenheit, was allerdings auch sein Gutes hat, denn viele Industrie- und Dienstleistungszweige profitieren davon.

Ferner verfügen wir über die Fähigkeit wahrzunehmen, was im Herzen der Menschen vor sich geht, mit denen wir in unserem Leben zu tun haben. Es ist sehr einfach. Wir können es fühlen. Wir fühlen es eigentlich die ganze Zeit, nur beachten wir es nicht oder verschließen uns davor, weil wir Angst haben. Wenn unser Herz offen ist, können wir fühlen, was andere fühlen, ohne dass es uns verletzt. Das erspart uns eine Menge Kummer und viele Missverständnisse.

Und schließlich gibt es in uns diese wundersamen Regungen, die man Emotionen nennt – Gemütsbewegungen. Wir haben die Fähigkeit, all diese Emotionen zu fühlen. So wie wir unendlich viele verschiedene Nuancen von Geschmäckern und Gerüchen über Mund und Nase erleben können, können wir in unserem Herzen verschiedene Arten, sich zu fühlen, wahrnehmen. Das Dumme ist nur, dass wir unser Herz vor allen Gefühlen verschließen, vor denen wir Angst haben, und auch vor unserer Angst selbst. Deshalb gibt es in jedem von uns eine ganze Reihe von Gefühlen, die zwar vorhanden sind, aber nicht gefühlt werden. Die Folge ist, dass diese Gefühle in unserem Körper sitzen, unser Handeln bestimmen, unser Denken beeinflussen, unsere Sichtweise verzerren, unsere Beziehungen kompliziert machen und eine Menge Leid verursachen. *Fühlen* wir diese Emotionen, hört das Leid augenblicklich auf, selbst wenn es sich um ganz schlimme Gefühle handelt. Ich setze dieses »Fühlen« in Schrägschrift, um es von dem oberflächlichen Zur-Kenntnis-Nehmen eines Gefühls, das wir normalerweise für Fühlen halten, zu unterscheiden.

Davon und von noch viel mehr handelt dieses Buch. Ich möchte mich nicht darauf beschränken, Fühlen als Mittel zum Zweck zu beschreiben – zum Zweck der Selbstheilung, der Verbesserung von Beziehungen, der leichteren Entscheidungsfindung, der besseren Lebensführung und so fort –, sondern Ihnen das Wunder des Fühlens nahebringen, ganz zweckfrei, einfach so, weil es eben ein Wunder ist.

Doch zuerst möchte ich, so genau ich kann, darlegen, was Fühlen ist, warum Nichtfühlen Leid erzeugt und warum wir wieder fühlen lernen müssen, wenn wir aufhören möchten, Leid zu erzeugen und zu verbreiten. Ich habe das in vierzig Thesen zusammengefasst.

Teil I

Was Fühlen ist –
Vierzig Thesen

These 1 bis 20: Was Fühlen ist und warum Nichtfühlen Leid erzeugt

❋ 1. Fühlen ist unmittelbare Wahrnehmung.

❋ 2. Bevor wir mit den Sinnesorganen wahrnehmen und diese Eindrücke mit dem Verstand interpretieren, fühlen wir.

❋ 3. Fühlen findet durch Kontakt statt.

❋ 4. Wenn wir bewusst fühlen (*fühlen*), sind wir in Kontakt mit uns selbst und der Welt um uns.

❋ 5. Um *fühlen* zu können, müssen wir sein, wo Fühlen stattfindet, nämlich bei uns statt »außer uns«.

❋ 6. Wir haben jedoch verlernt, bei uns zu sein. Wir konzentrieren uns auf das, was wir mittels der Sinnesorgane wahrnehmen, und auf unsere Gedanken darüber. Unser unmittelbares inneres Erleben, das Fühlen, haben wir aus den Augen verloren.

❋ 7. Das, was wir mit den Sinnesorganen wahrnehmen, interpretieren wir.

❋ 8. Diese Interpretation halten wir für die Realität.

❋ 9. Unsere Interpretation von Ereignissen löst in uns Gefühle aus (Emotionen).

❋ 10. Diese Emotionen fühlen wir ebenfalls nicht, da wir mit unserer Aufmerksamkeit nicht dort sind, wo Fühlen stattfindet.

❋ 11. Anstatt unsere Emotionen bewusst zu fühlen, lassen wir uns unbewusst von ihnen beherrschen. Ohne es zu merken, halten wir sie für Tatsachen, anstatt zu erkennen, dass es Gefühle sind.

* 12. Entweder fürchten wir diese vermeintlichen Tatsachen und versuchen uns gegen sie zu schützen, oder wir halten sie für erstrebenswert und trachten danach, sie uns zu eigen zu machen. Beides funktioniert nicht.

* 13. Da Gefühle im Zusammenhang mit bestimmten Ereignissen und Personen auftauchen oder verschwinden, halten wir diese Ereignisse und Personen für die Erzeuger dieser »Tatsachen«.

* 14. Unsere Beziehungen basieren auf diesen beiden Irrtümern: erstens auf der unbewussten und selbstverständlichen Annahme, dass unsere Gedanken die Realität und die aus ihnen resultierenden Gefühle Tatsachen seien, und zweitens auf der Annahme, unsere Gefühle würden von anderen Menschen oder äußeren Umständen erzeugt.

* 15. Da wir Gefühle für Tatsachen halten, die uns betreffen, und da wir glauben, diese Gefühle würden von anderen erzeugt, betrachten wir die Menschen, mit denen wir in Beziehung stehen, als Erzeuger angenehmer oder unangenehmer Tatsachen, die uns betreffen, und verhalten uns entsprechend.

* 16. Zur inneren Realität dieser anderen Menschen haben wir keinen Kontakt, da wir sie nicht fühlen. Wir betrachten andere durch den Filter unserer Überzeugungen und der durch diese ausgelösten Emotionen.

* 17. Da wir gewisse unangenehme Gefühle für bedrohliche, ja sogar existenzgefährdende Tatsachen halten, bekämpfen, unterdrücken, ja vernichten wir andere lieber, als diese Gefühle wahrzunehmen.

* 18. Jedes Gefühl ist zugleich ein körperlicher Zustand, der mit einem bestimmten Spannungszustand verbunden ist. Da wir unsere Emotionen nicht fühlen,

bleibt der spezifische Spannungszustand, der durch sie erzeugt wird, in unserem Körper zurück. Dadurch wird dieser mit der Zeit mehr und mehr beeinträchtigt und letztlich krank.

* 19. Wie Nahrungsmittel, Medikamente, Drogen, Orte oder Menschen auf uns wirken, können wir fühlen. Da wir diese Gefühle aber nicht bemerken, handeln wir nicht im Einklang mit unserem Körper und schwächen und überfordern ihn auf diese Weise.

* 20. Zusammengefasst:
Wir machen unseren Körper krank, weil wir nicht fühlen.
Wir machen uns und unsere Partner in unseren Beziehungen unglücklich, weil wir nicht fühlen.
Wir führen Krieg, weil wir nicht fühlen.
Wir leiden, weil wir nicht fühlen.
Wir verbreiten Leid, weil wir nicht fühlen.
Wir ignorieren das Leid anderer, weil wir nicht fühlen.
Unsere ganze Welt krankt daran, dass Menschen, die nicht fühlen, derzeit die Führung innehaben.
Wenn wir aufhören möchten zu leiden, müssen wir anfangen zu fühlen.
Wenn wir aufhören möchten, Leid zu verbreiten, müssen wir anfangen zu fühlen.
Wenn wir dazu beitragen möchten, dass es weniger Leid in unserer Welt gibt, müssen wir aufhören zu leiden und anfangen zu fühlen.

These 21 bis 40: Warum Fühlen heilt und befreit

✳ 21. Es gibt einen Weg, dieses Leid zu beenden, und zwar sofort, in jedem Augenblick, in dem es uns einfällt, diesen Weg zu beschreiten. Dieser Weg heißt bewusstes Fühlen *(Fühlen)*.

✳ 22. *Fühlen* bedeutet, bei sich zu sein statt außer sich. Es bedeutet, der Aufmerksamkeit eine andere Richtung zu geben, sie von den Gedanken und den Projektionen unserer Gedanken, die wir für die Realität halten, abzuziehen und zu uns selbst zu bringen.

✳ 23. Bei sich zu sein und zu fühlen, was man fühlt, tut immer gut, ganz gleich, welcher Art das momentan vorhandene Gefühl ist.

✳ 24. Bewusstes Fühlen befreit uns von der Annahme, unsere Gefühle seien Tatsachen, die uns betreffen und die uns bedrohen oder zerstören können.

✳ 25. *Fühlen* befreit uns von der Idee, in unserer Selbsteinschätzung, unserem Selbstwert und der Art, wie wir uns fühlen, von anderen abhängig zu sein.

✳ 26. *Fühlen* löst uns aus der Verstrickung. Anstatt unseren Partnern die Verantwortung für unser Befinden aufzubürden und die Verantwortung für ihr Befinden zu übernehmen, können wir wahrnehmen, dass unsere Gefühle unsere Angelegenheit sind und die Gefühle der anderen deren Angelegenheit. Und dann können wir unser Herz für beide Seiten öffnen.

* 27. *Fühlen* rückt zurecht, was verrückt und verworren war.
* 28. *Fühlen* lässt uns in Kontakt mit der inneren Realität des anderen treten und öffnet unser Herz für die Liebe.
* 29. *Fühlen* führt zu Mitgefühl, Verständnis und Respekt.
* 30. *Fühlen* beendet den Krieg in unserem Innern.
* 31. *Fühlen* befreit uns von der Notwendigkeit, Kriege zu führen, da wir aufhören, Gefühle mit Tatsachen zu verwechseln, die wir fürchten und vor denen wir uns schützen müssen.
* 32. *Fühlen* befreit uns von der Angst vor bestimmten Gefühlen und vor Personen oder Umständen, die diese Gefühle auslösen.
* 33. *Fühlen* befreit uns von der Vorherrschaft unserer Emotionen.
* 34. *Fühlen* befreit unseren Körper von der Spannung, die unsere Emotionen in ihm hinterlassen, sodass unsere Energie wieder freier fließen kann.
* 35. *Fühlen* erlaubt uns, rechtzeitig wahrzunehmen, was uns gut tut und was nicht, und uns entsprechend unserer Natur zu verhalten.
* 36. *Fühlen* heilt.
* 37. *Fühlen* macht lebendig.
* 38. *Fühlen* ersetzt das Denken nicht, gibt ihm aber eine gesündere Basis.
* 39. *Fühlen* ist vielleicht nicht die Lösung für alle Probleme, aber auf jeden Fall der Beginn ihrer Lösung.
* 40. Zusammengefasst:
  Um zu genesen, um Menschen zu werden, die fühlen und mitfühlen, die Intuition, Instinkt, ein offenes Herz und eine klare Bewusstheit haben, um unsere Probleme zu lösen, unsere Krankheiten zu

heilen, Konflikte zu bereinigen und dazu beizutragen, dass sich Frieden, Mitgefühl, Lebendigkeit und Freude auf dieser Erde ausbreiten können, müssen wir *wieder fühlen lernen.*

Fühlen kommt vor Denken

(These 1–4) Fühlen ist unser inneres Erleben und zugleich die primäre Art der Wahrnehmung. Bevor wir mit den Sinnesorganen wahrnehmen und mit dem Verstand interpretieren, fühlen wir. Fühlen findet durch Kontakt statt, Denken durch Distanz. Durch Fühlen können wir alles unmittelbar erfassen, durch Denken mittelbar. Wenn wir fühlen, sind wir in Kontakt mit uns selbst und der Welt um uns.

Ein Mensch betritt den Raum, und wir fühlen seine Präsenz. Wir fühlen, dass jemand anwesend ist. Wenn wir sehr aufmerksam sind, können wir etwas von dem Wesen, der Stimmung und der Verfassung des Betreffenden fühlen. Wir werden zunächst vielleicht nicht wissen, dass es jener Mensch ist, dessen Stimmung und Verfassung wir wahrnehmen. Da Fühlen in uns und nicht außerhalb von uns stattfindet, registrieren wir einfach, dass unsere Verfassung sich geändert hat, als dieser Mensch den Raum betrat. Mit der Zeit aber können wir, wenn wir aufmerksam üben, unterscheiden lernen, ob das, was wir fühlen, aus unserem eigenen Innern kommt oder von einem anderen Menschen. Weiterhin können wir fühlen, ob uns dieser Mensch, seine Ausstrahlung, Wesensart und Verfassung zuträglich ist oder nicht. Ist er uns nicht zuträglich, so fühlen wir Bedrohung, Abneigung oder einfach den Impuls, den Raum zu verlassen.

Übung bei Begegnungen

Üben Sie, das erste Gefühl zu bemerken, das sich in Ihnen meldet, wenn Sie einem unbekannten Menschen begegnen. Noch bevor Sie Ihre Sinneswahrnehmung – Aussehen, Stimme, Haltung, Gestik, Mimik, Blick, Geruch – interpretieren, einordnen und durch Assoziation ergänzen (groß, kräftig, herausfordernder Blick; Aussehen und Geruch erinnern mich an meinen Onkel, muss demzufolge ein mutiger, etwas herrschsüchtiger Mensch sein), fühlen Sie diesen Menschen. Zwischen Ihrem Innern und seinem Innern gibt es keine Grenze und keine räumliche Entfernung; die inneren Welten überschneiden sich, nur die äußeren erscheinen fein säuberlich getrennt. Achten Sie beim Einatmen darauf, wie Sie sich in der Gegenwart dieses Menschen fühlen. Unsicher? Stark? Vertrauensvoll? Unehrlich? Froh? Traurig? Gesund? Kräftig? Schwach? Manche dieser Gefühle können durch unbewusste Interpretation und Assoziation in Ihnen ausgelöst worden sein; diese haben nichts mit der betreffenden Person zu tun. Andere mögen instinktive Reaktionen auf diesen Menschen sein, mit denen Ihre Körperintelligenz Ihnen zu verstehen gibt, dass dieser Mensch zu Ihrem Energiesystem passt oder nicht passt und Ihnen gefährlich werden kann. Aber jenseits dieser Reaktionen aus Ihrem eigenen System verfügen Sie auch über eine unmittelbare Wahrnehmung des fremden Systems (mit »System« meine ich Körper/Energiefeld/Emotion/Grundstimmung der Person): Ihre unmittelbare Wahrnehmung dieses Menschen.

Wenn wir den Boden eines für uns neuen Kontinents oder einer unbekannten Gegend betreten, fühlen wir etwas von den besonderen Eigenschaften dieser Region, und wir fühlen auch, wie diese auf uns wirken. Wenn wir nicht in die Falle des Assoziierens (»das hier erinnert mich an Griechenland«) und Interpretierens (»es ist heiß hier, also sind die Menschen wahrscheinlich faul«) fallen, sondern ganz leer und offenbleiben für diesen ersten Eindruck, können wir vieles von dem, was uns an Klima, Stimmung und Mentalität begegnen wird, vorausahnen und auch, wie wir darauf reagieren werden.

Fühlen ist unser unmittelbares inneres Erleben, das in jedem Augenblick stattfindet, was auch immer geschieht und wem auch immer wir begegnen. Fühlen ist die erste Wahrnehmung. Sie kommt durch Kontakt zustande, während die gedankliche Interpretation durch Distanz entsteht.

Das Verstandesdenken[1] resultiert aus einer Einengung unserer Perspektive. Im Laufe unserer Bewusstseinsentwicklung haben wir irgendwann gelernt, uns ausschließlich mit dem zu identifizieren, was sich innerhalb unserer Haut befindet und vermittels unserer Sinne wahrgenommen werden kann, also mit unserem materiellen Körper. Alles, was außerhalb dieses Körpers existiert, betrachten wir als »nicht ich« und getrennt von uns; und die feinstofflicheren Schichten unseres Körpers, unser Energiefeld, haben wir aus den Augen verloren. Unser Verstand ist auf der Basis der Grundannahme programmiert, die aus dieser Sichtweise resultiert: dass wir vom Rest der Welt getrennt seien und die Welt aus einzelnen, voneinander getrennten Materie-Einheiten bestünde.

---

1 Nicht Denken allgemein, sondern nur das Verstandesdenken ist hier gemeint. Es gibt auch andere Arten von Denken, beispielsweise das Denken, das aus innerer Erkenntnis resultiert, oder schöpferisches Denken.

Da wir uns als voneinander und von allem anderen getrennt betrachten, können wir unsere Umwelt nur von außen wahrnehmen, das heißt, durch unsere äußeren Sinne: Augen, Ohren, Nase, Geschmack und Tastsinn. Auf diese Weise gewinnen wir einen äußeren Eindruck von den Menschen und Dingen um uns her, und diesen Eindruck interpretieren wir. Die Interpretation von äußeren Eindrücken halten wir für die Realität. Diese Art von Wahrnehmung nennt man in der Meditation die »äußere Perspektive« oder die »äußere Welt«.

Wenn wir nichts kennen als diese äußere Perspektive, können wir einander nur an der Peripherie berühren, zum Beispiel indem wir einander anfassen, anschauen oder miteinander reden, und bestenfalls eine Ahnung von der inneren Realität anderer bekommen.

Neben der »äußeren Welt« gibt es jedoch noch eine innere, gibt es Schichten der Realität, in denen alles mit allem verbunden ist. Wir bestehen ja nicht nur aus Fleisch und Knochen, sondern auch aus Energie. Wo endet meine Energie, wo fängt deine an? In der Welt der Energie gibt es keine Haut. Es gibt so etwas wie Energiegestalten, die Wirbeln ähneln und durchaus ein individuelles Zentrum haben, sodass man auch in der Welt der Energie »mich« und »dich« unterscheiden kann. Jedes individuelle Energiefeld ist geprägt von den Besonderheiten des jeweiligen Menschen. Doch es gibt keine Haut, keine Membran, keine Grenze und somit auch keine Trennung. Wenn zwei Energiefelder in Kontakt miteinander kommen, findet nicht nur eine Berührung an der Peripherie statt. Vielmehr überlappen und durchdringen sie einander.

Fühlen ist ein Wahrnehmungsmodus, der mit der Welt zu tun hat, in der alles mit allem verbunden ist. Durch Fühlen kann man mühelos etwas von der inneren Rea-

lität eines anderen Menschen erfassen, ganz einfach weil
es zwischen der inneren Realität des anderen und der
meinen keine räumliche Entfernung und nicht wirklich
eine Grenze gibt. (Räumliche Entfernung existiert nur in
der äußeren Welt.) Ich kann, wenn ich mich mit echtem
Interesse auf einen anderen Menschen konzentriere,
fühlen, wie es ihm geht, und zwar ganz gleich, ob dieser
Mensch vor mir sitzt oder sechstausend Kilometer entfernt auf einem anderen Kontinent. In der inneren Welt
gibt es keinen Raum; Raum gehört zur äußeren Welt. Alles überlappt sich mit allem. Wenn Sie fühlen möchten,
was ein Mensch fühlt, für dessen Wohlergehen Sie sich
interessieren, müssen Sie einfach nur Ihr Herz öffnen. Sie
werden es in Ihrem eigenen Innern wahrnehmen können. Das setzt natürlich voraus, dass Ihr Herz wirklich offen ist und nicht verschlossen durch eine eigene Emotion,
zum Beispiel Angst, Neugier oder den Wunsch, diesen
Menschen zu besitzen oder zu kontrollieren.

Sich auf Menschen einstimmen
Dauer: eine bis fünf Minuten

Schließen Sie die Augen. Tun Sie einen tiefen Atemzug und
seufzen Sie beim Ausatmen laut aus. Tun Sie einen weiteren tiefen Atemzug und kommen Sie zu sich. Spüren Sie Ihren Körper.
Spüren Sie Ihren Atem. Achten Sie darauf, wie Ihr Atem sich anfühlt. Denken Sie dann an einen Menschen, am besten an jemanden, den Sie zwar gut kennen, zu dem Sie aber keine allzu
emotionale Beziehung haben. Stellen Sie sich die Gegenwart
dieses Menschen vor. Spüren Sie Ihren Atem, machen Sie Ihren

Kopf leer. Achten Sie nun darauf, wie Ihr Atem sich anfühlt. Und wie Sie sich fühlen. Entlassen Sie diesen Menschen mit dem Ausatmen aus Ihrem Bewusstsein. Kehren Sie mit dem Einatmen zu sich selbst zurück. Denken Sie an einen anderen Menschen. Wiederholen Sie die Übung zwei- bis dreimal, nicht öfter. Erwarten Sie keine besonderen Wahrnehmungen. Üben Sie nur, sich in die Gegenwart eines Menschen zu versetzen, ohne zu denken, und spüren Sie Ihren Atem. Es geht noch nicht um Ergebnisse oder darum, etwas Bestimmtes wahrzunehmen; aber dies ist eine unerlässliche Vorübung dafür. Wir werden später weiterüben, und Schritt für Schritt werden Sie lernen, Ihre Fähigkeit des Mitfühlens zu reaktivieren und zu entwickeln.

Unsere Fähigkeit mitzufühlen, ist für einen Menschen, der nur die äußere Perspektive kennt, eigentlich ein Wunder. Mitgefühl bedeutet nicht, dass ich mir vorstelle, wie ich mich anstelle des anderen fühlen würde oder wie er sich fühlt. Mitgefühl bedeutet, dass ich fühle, was er fühlt. Ganz unmittelbar. In mir selbst, in meinem Herzen.

Im Fühlmodus ist unsere Aufmerksamkeit in der inneren Welt, bei unserem inneren Erleben, und wenn ein Kontakt mit wem oder was auch immer stattfindet, ist es nicht eine Berührung an der Peripherie wie in der äußeren Welt, sondern ein weitaus umfassenderer Kontakt, ähnlich wie wenn zwei Energiefelder sich miteinander vermischen und einander durchdringen.

Wenn ich nicht weiter in dich vordringen kann als von Haut zu Haut möglich, erfahre ich nicht viel mehr von dir, als was deine Oberfläche preisgibt. Wenn ich dich aber durchdringen kann und dir erlaube, mich zu durchdringen (eines geht nicht ohne das andere), dann erlebe ich dein inneres Wesen in meinem eigenen Innern und um- gekehrt. Es findet ein Austausch statt – nicht nur eine Kommunikation, sondern auch eine Kommunion.

Fühlen ist ein Kind der inneren Perspektive, so wie das Verstandesdenken ein Produkt der äußeren Perspektive ist.

Wir haben das Fühlen verlernt

(These 5–6) Um fühlen zu können, müssen wir dort sein, wo Fühlen stattfindet, nämlich bei uns statt »außer uns«. Wir haben jedoch verlernt, bei uns zu sein. Wir konzentrieren uns auf das, was wir vermittels unserer Sinnesorgane wahrnehmen, und auf unsere Gedanken darüber. Wir interpretieren Sinneswahrnehmungen und halten diese Interpretation für die Realität. Unser unmittelbares inneres Erleben, das Fühlen, haben wir aus den Augen verloren.

Im Laufe der letzten Jahrhunderte haben sich die Menschen in unserem Kulturkreis mehr und mehr auf die äußere Welt konzentriert und die innere vergessen. Anstatt wahrzunehmen, dass es eine Perspektive gibt, in der alles mit allem verbunden ist, ja dass man aus dem Zustand der Vielheit in den Zustand der Einheit überwechseln und die Welt aus der Perspektive der Einheit betrachten kann, haben wir diese innere Perspektive entweder für ungültig erklärt (wenn wir Materialisten geworden sind) oder uns von ihr abgespalten und sie zu einer Realität außerhalb von uns gemacht, zu der gewöhnliche Sterbliche keinen Zugang haben. Den Umgang mit dieser Realität haben wir an die Religionen und ihre Vertreter delegiert. »Religion« heißt Rückverbindung, aber im Allgemeinen haben uns die Religionen nicht mit unserem gemeinsamen inneren Ursprung rückverbunden, sondern uns ihm entfremdet.

Auf diese Weise haben wir vergessen und verlernt, dass wir fühlend mit allem, was lebt und atmet, innerlich in Verbindung treten können, dass Fühlen die unmittelbare Wahrnehmung ist, die uns ohne den Umweg über die äußeren Sinne und den Verstand festzustellen erlaubt, was gut und richtig für uns ist und was nicht.

Zu Beginn unseres Lebens gab es eine kurze Zeit, in der wir noch bei uns waren, in uns ruhten. Unsere Eltern und auch alle anderen Bezugspersonen brachten uns jedoch – ganz ohne böse Absicht – ziemlich bald dazu, unser Wahrnehmungszentrum von innen nach außen zu verlagern. Unsere Mütter trugen uns nicht an ihrem Leib, sondern steckten uns in Wiegen, Kinderwagen und Bettchen. Wenn ein Baby, das sich ja noch als Einheit mit der Mutter erfährt, nicht am Körper der Mutter getragen wird, muss es seine Aufmerksamkeit notgedrungen von innen nach außen verlagern, wenn es den Kontakt mit dem Teil seines Wesens, der die Quelle und Sicherung seiner Existenz ist, nicht verlieren will. So entstehen Angst und Außer-sich-Sein. Hinzu kommt, dass sich die Erwachsenen, als wir Babys waren, eifrig bemühten, unsere Aufmerksamkeit auf die äußere Welt zu lenken, anstatt uns einfach in Ruhe und auf unsere eigene Art zur Wahrnehmung der Außenwelt gelangen zu lassen, wie es der Fall ist, wenn Kinder auf dem Rücken getragen werden und einfach überall dabei sind, ohne im Zentrum der Aufmerksamkeit zu stehen. Unsere Eltern wussten es nicht anders. Sie taten ihr Bestes, doch heute wissen wir, dass dies fatale Folgen hatte: Wir lernten schon früh, den Kern unserer Aufmerksamkeit von innen nach außen zu bewegen. Wir hörten auf, in uns zu ruhen; hörten auf wahrzunehmen, was in unserem Innern vor sich ging; hörten auf zu fühlen.

Realität war nicht mehr das, was wir in uns selbst fühlten, sondern das, was wir aus unseren Sinneswahrnehmungen heraus interpretierten.

Mini-Übung

Spüren Sie sich? Ihren Körper? Ihren Atem? Nehmen Sie sich einen Augenblick Zeit, um zu sich zu kommen.

Wir verwechseln Gefühle mit Tatsachen

(These 7–11) Unsere Interpretation von Ereignissen löst Gefühle (Emotionen) in uns aus. Diese Emotionen fühlen wir nicht, da wir mit unserer Aufmerksamkeit nicht dort sind, wo Fühlen stattfindet. Stattdessen lassen wir uns von ihnen beherrschen. Ohne es zu merken, halten wir sie für Tatsachen, anstatt zu erkennen, dass es Gefühle sind.

Als Kind, das zu entdecken beginnt, dass es eine Identität hat, dass es jemand ist und die anderen andere sind, bin ich, wenn ich den Kern meiner Wahrnehmung von innen nach außen verlagert habe, in meinem Selbstbild völlig abhängig von dem, was meine Eltern/Bezugspersonen mir durch ihr Verhalten spiegeln. Anstatt die Verbindung zu fühlen und, was auch immer geschieht, vertrauensvoll in diesem Fühlen zu ruhen, bin ich darauf angewiesen, ihr Verhalten in Bezug auf mich zu interpretieren. Aus dieser Interpretation leite ich dann eine Vorstellung davon ab, wer ich bin. So wird aus dem Verhalten der Bezugspersonen meiner frühen Kindheit mein eigenes Selbstbild. Gefühle, die meine Bezugspersonen auf mich projizieren, werden zu der Art, wie ich mich mit mir selbst fühle. Wenn beispielsweise eine Frau schwanger wird, die eigentlich keine Kinder haben will, für die eine Abtreibung aus moralischen oder sonstigen Gründen aber nicht infrage kommt, so kommt ihre Tochter – um ein Beispiel zu nehmen, das mir öfter begegnet ist – als Kind einer Frau zur Welt, die keine Kinder wollte. Die Mutter tut natürlich ihr Bestes, trotzdem eine gute Mutter zu sein. Sie liebt ihr Kind sogar inständig, aber sie lehnt es ab, Mutter zu sein, und diese Ablehnung fühlt die Tochter von Anfang an, ohne zu verstehen, worauf sie sich bezieht. Sie fühlt sich abgelehnt und versteht nicht, warum. Sie weiß nicht, dass Ablehnung ein *Gefühl* ist, und zwar das Gefühl der Mutter; sie weiß auch nicht, dass diese Ablehnung sich nicht auf sie bezieht. Sie wird glauben, abgelehnt zu *sein*. Und mehr noch, sie wird davon überzeugt sein, schlecht, hässlich oder sonst wie ablehnenswert zu sein. Das ist für dieses Kind die einzig logische Schlussfolgerung. Das Gefühl der Mutter – Ablehnung – wird für die Tochter zu einer Tatsache, die sie selbst betrifft, zu einer Identifikation. Natürlich wehrt sie sich gegen diese Tatsache, indem sie ihrerseits ihrer Mutter (und später vielen Frauen, die sie unbewusst an ihre Mutter erinnern) Ablehnung entgegenbringt und gleichzeitig ein Leben lang darum kämpft, angenommen zu werden. Ihre Sicht ihrer selbst, ihrer Beziehungen und ihres Schicksals beruht auf der Annahme, sie sei abgelehnt und die Ablehnung sei eine sie betreffende Tatsache. Alles, was ihr zustößt, und vor allem jedes Verhalten ihrer Beziehungspartner interpretiert sie aus der Sicht der Abgelehnten. Sie leidet ihr Leben lang unter Ablehnung und außerdem unter dem Gefühl, nicht zu verstehen, warum.

Oder der Sohn, dessen Vater sich gewünscht hatte, dass aus ihm – dem Sohn – etwas würde. Das Ideal dieses Mannes war »auf Zack sein«, und er tat alles, was er konnte, um aus seinem Sohn jemanden zu machen, der auf Zack war. Nun war dieser Sohn eigentlich von Natur aus ein schnelles, waches, tapferes Kerlchen und entsprach somit dem Ideal seines Vaters. Sein Vater ging jedoch unbewusst davon aus, dass es seine Aufgabe sei, den Sohn »auf Zack zu bringen«. Also vermittelte er ihm durch sein Verhalten, dass er eben nicht »auf Zack« (und somit gemäß den Wertevorstellungen des Vaters nicht in Ordnung!) war, sondern eher so etwas wie eine »lahme Ente«, ein »Schlappschwanz« und letztlich ein Versager. Er, der Vater, hasste Versager. Er war selbst einer gewesen, und Versager zu sein, war das Letzte, was er seinem Sohn wünschte. Also trieb er ihn an. Der Junge fühlte den Hass seines Vaters, die Verachtung für Versager, die dieser hegte, und wusste nicht, dass diese Verachtung nicht ihm galt. Er konnte es nicht wissen. Er bezog sie auf sich und übernahm unbewusst die Überzeugung seines Vaters, ein Versager zu sein. So wurde aus einem Gedanken und einem Gefühl des Vaters (Versagergefühl und Verachtung) eine Tatsache, die das Wesen des Sohnes betraf. Der Junge ging selbstverständlich davon aus, ein Versager zu sein, und verachtete sich dafür. Beides war ihm nicht bewusst, ebenso wenig wie seinem Vater, und so bemühte er sich zeitlebens, »auf Zack zu sein«, brachte in seinem Erwachsenenleben viel zustande, wurde bewundert und beneidet, schaffte es, seine Selbstverachtung, seine Trauer und seinen Zorn in Alkohol zu ersäufen und trotzdem immer noch »auf Zack zu sein«, bis seine Frau ihn verließ, seine Leber streikte und er anfing zu bemerken, dass etwas nicht stimmte.

Wir interpretieren Ereignisse immer auf der Basis unserer Grundüberzeugungen, und diese sind uns nicht bewusst (sonst wären sie nicht mehr unsere Grundüberzeugungen, weil wir sie als das erkennen könnten, was sie sind, nämlich Gedanken und nicht Realität). Die Interpretation der Ereignisse löst Gefühle in uns aus, Emotionen. Diese Emotionen fühlen wir nicht, sondern wir sind mit ihnen identifiziert. Wir denken und handeln nicht aus unserer Mitte heraus, sondern aus der jeweiligen Emotion.

Unsere Emotion ist also nicht das unmittelbare Gefühl, das aus dem Kontakt mit der Realität entsteht, sondern unsere Reaktion auf unsere Gedanken über die Realität. Sie ist ein eigener Kommentar zum Geschehen und hat mit diesem nichts zu tun. Jemand verlässt mich. Ich fühle Trauer, weil ich dies als Verlust für mich selbst empfinde, als etwas, was mich ärmer oder einsamer macht, und damit bin ich nicht einverstanden. Deswegen bin ich traurig. Jemand sagt, dass ich dies oder das falsch gemacht habe, und ich reagiere mit Wut, weil ich nicht höre, was er gesagt hat, sondern was ich gemäß meiner unbewussten Grundüberzeugung daraus interpretiere: »Du bist fehlerhaft. Du bist falsch. Mit dir stimmt etwas nicht.« Und so fort.

Aus dem Gefühl einer anderen Person wird eine Tatsache, die uns betrifft. Im Fall von negativen Gefühlen ist es eine unerträgliche Tatsache, eine, die man lieber nicht wahrnimmt, weil man nicht weiß, wie man mit ihr umgehen soll. »Ich bin hässlich. Ich bin schlecht. Ich bin wertlos. Ich bin nicht liebenswert. Ich bin geringer/kleiner/weniger wert. Ich bin ein Versager.« Es gibt aber auch »Tatsachen« wie: »Da ist niemand, dem man vertrauen kann.« (Weil man Verrat seitens der Eltern erlebt hat.) »Ich bin das Opfer von Unrecht.« »Ich gehöre nicht dazu.«

Jeder von uns hat mindestens eine solche negative Grundidentifikation. Solange ich diese negativen Ideen über mich selbst unbewusst für Tatsachen halte, werde ich nicht anders können als mich zu wehren, zu verschließen oder zu flüchten, wann immer ich an diese vermeintliche Tatsache erinnert werde. Das ist die Anstrengung meines Lebens, das ist »Mein Kampf«.

Solange ich nicht weiß, dass es sich nicht um Tatsachen, sondern um Gefühle handelt, kann ich diese Gefühle nicht wahrnehmen. Eine Tatsache, die mich betrifft, mit der ich identifiziert bin (»Ich bin schlecht« etc.), kann ich nicht wahrnehmen. Ich muss erst entdecken, dass es nicht etwas ist, das ich *bin*, sondern etwas, das ich *fühle*. Erst dann kann ich es wahrnehmen.

Da ich die betreffende Tatsache – Ablehnung, Demütigung und so fort – für Realität halte, bin ich auch mit meinen emotionalen Reaktionen auf diese vermeintliche Tatsache identifiziert. Das heißt, ich fühle meine Wut nicht, sondern *bin* wütend über Ablehnung, Demütigung und so fort, oder traurig, oder mit welcher Emotion auch immer ich mich gegen die »Tatsache« wehre.

Etwas, das ich bin, kann ich nicht fühlen. Erst muss ich erkennen, dass es sich nicht um etwas handelt, das ich bin, sondern um etwas, das ich fühle, indem ich meiner Aufmerksamkeit eine andere Richtung gebe. Anstatt die Welt oder meine Mitmenschen aus der Perspektive der Gedemütigten zu betrachten, die wütend ist auf die, die diese Gefühle in ihr ausgelöst haben, muss ich mich umdrehen und meine Aufmerksamkeit auf mich selbst richten. Dorthin, wo Fühlen stattfindet: in meinen Körper.

Solange ich das nicht tue, sondern damit beschäftigt bin, aus meiner Grundidentifikation heraus meine Emotionen auf die Umwelt zu projizieren, bin ich in einer Täuschung gefangen, weder in Kontakt mit der Realität noch in Kontakt mit meinen eigenen Gefühlen. Ich leide und verbreite Leid.

Emotionen fühlen (Vorübung)
Dauer: drei bis fünf Minuten

Denken Sie an etwas, das Ihnen Ärger, Kummer, Zorn oder Empörung bereitet.

Lassen Sie Ihren Gedanken eine Weile freien Lauf. Erlauben Sie sich, Ihr Gefühl in Gedanken oder Worten unzensiert auszudrücken. Beobachten Sie, wie Sie dabei wütend oder empört etc. sind und als Wütende/r oder Empörte/r denken und die Situation und die Menschen betrachten. Kehren Sie dann Ihre Aufmerksamkeit um und richten Sie sie auf sich selbst. Werden Sie sich Ihres Körpers und Ihres Atems bewusst. Nehmen Sie wahr, wie sich das Gefühl, das Sie ausgedrückt haben, in Ihrem Körper bemerkbar macht? Wo spüren Sie es? In Ihrem Kiefer, Ihrem Rücken, Ihren Armen, oder wo sonst? Und auf welche Weise spüren Sie es? Als Anspannung, Verspannung oder Schmerz? Als Schlaffheit? Zittern? Hitze? Druck? Konzentrieren Sie Ihre Aufmerksamkeit in der Zone Ihres Körpers, in der Sie das Gefühl bemerken. Nehmen Sie sich vor, dieses Gefühl bewusst kennenzulernen, anstatt es nur zu haben. Spüren Sie Ihren Atem. Erforschen Sie, wie es ist, sich so zu fühlen. Immer wenn ein neuer Schub emotionaler Gedanken auftaucht, konzentrieren Sie sich darauf, noch genauer zu erfahren, wie es sich anfühlt, diese Gedanken zu haben. Und spüren Sie Ihren Atem. Verändern Sie den Atem nicht, sondern spüren Sie ihn – so, wie er ist. Nun beginnen Sie zu fühlen.

Wir leiden unter vermeintlichen Tatsachen

(These 12) Da wir Gefühle mit Tatsachen verwechseln, die uns betreffen, fürchten wir sie entweder und versuchen uns vor ihnen zu schützen, oder wir halten sie für erstrebenswert und trachten danach, sie uns zu eigen zu machen. Beides funktioniert nicht.

Wenn es in mir eine negative Grundannahme über mich selbst gibt, kann ich das Gefühl, das damit einhergeht, nicht fühlen, sondern halte es für eine Tatsache, die mich betrifft. Auf dem Grund meines Denkens und Fühlens gibt es dann etwas Unerträgliches, nämlich die Grundannahme, schlecht, abgelehnt, hässlich, gedemütigt, lächerlich, wertlos, nicht liebenswert oder dergleichen zu sein. Also vermeide ich alles, was mich daran erinnert, beziehungsweise tue alles, um zu erreichen, dass sich diese vermeintliche Grundtatsache wandelt.

Wenn mich etwas an sie erinnert, wehre oder verschließe ich mich, oder ich flüchte. Alles, wovon ich mir eine Änderung zum Besseren verspreche, versuche ich mir zu eigen zu machen und zu behalten. Beides funktioniert nicht.

Nehmen wir als Beispiel die Grundannahme, wertlos oder weniger wert zu sein als andere. Viele Menschen leiden darunter.

Ich halte mich also für wertlos und andere für wertvoller als mich selbst.

Alles, was mir zustößt und begegnet, interpretiere ich im Licht dieser Grundannahme. Das ist mir jedoch nicht bewusst. Wenn jemand unfreundlich zu mir ist oder sich verschlossen gibt, werde ich aus seinem Verhalten herauslesen, dass ich wertlos bin, und mich dagegen wehren. Ich werde sein Verhalten beispielsweise als Überheblichkeit betrachten und mich darüber empören. Wenn mein Chef mich feuert, weil ich betrunken zur Arbeit erschienen bin, werde ich interpretieren: »Er feuert mich, weil ich wertlos bin.« Da dieser Gedanke unerträglich ist, werde ich mich dagegen wehren, indem ich noch mehr trinke und/oder mit Kollegen, Freunden oder anderen Arbeitslosen gegen diesen Chef stänkere oder gegen Chefs und »die da oben« überhaupt. Ich werde alles tun, um meinen Grundschmerz der Wertlosigkeit zu überspielen; aber je mehr ich ihn überspiele, desto mehr wird er für meine Mitwelt zutage treten durch genau das, womit ich ihn zu überdecken versuche. Wenn ich mich aufwerte, indem ich andere abwerte, lässt mich das in den Augen anderer nicht größer, sondern kleiner erscheinen, also genau das, was ich vermeiden möchte. Wenn ich mich aufwerte, indem ich mich über sie stelle, werden sie mich nicht höher, sondern geringer achten. Wenn ich mich aufwerte, indem ich mir wertvolle Dinge zulege, werden sie mich als »neureichen Angeber« auslachen, und so fort.

Und selbst wenn ich es schaffe, von meinen Mitmenschen als überaus wertvoller Zeitgenosse betrachtet und hochgeschätzt zu werden, wird mich das nicht vom Schmerz der Wertlosigkeit heilen, denn dieser Schmerz kann nur dadurch geheilt werden, dass die Grundannahme, die ihn auslöst, annulliert wird. Indem ich mich bemühe, von meiner Wertlosigkeit kuriert zu werden, handle ich aus der falschen Grundannahme der Wertlosigkeit heraus – und was ich auch tue und erreiche, ich bin immer noch mit ihr identifiziert. Erst wenn ich entdecke, dass es diese Grundannahme in mir gibt und dass sie keine Realität ist, sondern nur ein Gedanke, kann ich erkennen, dass es dieser Gedanke ist, der weh tut, und nicht die Realität selbst. Erst wenn ich erkannt habe, dass mein Schmerz aus einem Gedanken resultiert und nicht aus der Realität, kann ich ihn fühlen; und indem ich ihn bewusst fühle, befreie ich meinen Körper und mein Energiefeld von ihm und mich von der Angst vor diesem Schmerz.

Den Gedanken hinter der Reaktion entdecken

Erinnern Sie sich an eine Situation, in der Sie emotional reagiert haben. Wie haben Sie reagiert? Wütend? Verschlossen? Trotzig? Traurig? Resigniert? Hysterisch? Können Sie dieses Gefühl immer noch in Ihrem Körper spüren? Wie fühlt es sich an? Betrachten Sie die Gedanken, die mit diesem Gefühl verbunden sind. Wie haben Sie die Situation oder das Verhalten der betreffenden Person(en) für sich interpretiert? Aus welchem Gedanken heraus haben Sie reagiert, wie Sie reagiert haben? Können Sie erkennen, dass das ein Gedanke ist? Ich behaupte nicht, dass der Gedanke falsch ist. Ich mache Sie nur darauf aufmerksam, dass es ein Gedanke ist. Gewöhnen Sie sich an, sich jedes Mal, wenn Sie eine emotionale Reaktion an sich bemerken, zu fragen, aus welchem Gedanken heraus Sie reagieren. Wie interpretieren Sie die Situation für sich?

Ein Beispiel zur Verdeutlichung: Paul schaut in Gegenwart seiner Freundin Emma einer hübschen Frau nach. Emma reagiert mit Verschlossenheit, Trotz und insgeheim mit Verzweiflung. Warum? Sie interpretiert Pauls Blick für sich so: »Er interessiert sich für andere Frauen. Er findet mich nicht mehr attraktiv.« Daraus schlussfolgert sie unbewusst, dass sie hässlich und unattraktiv ist und nicht (mehr) geliebt wird.

Wir verwechseln unsere Gefühle mit Tatsachen, und diese Tatsachen fürchten wir entweder und versuchen uns gegen sie zu schützen. Oder wir halten sie für erstrebenswert und trachten danach, sie uns zu eigen zu machen. Beides funktioniert nicht. Wenn wir uns vor einer vermeintlichen Tatsache, die in Wirklichkeit ein Gefühl ist, zu schützen versuchen, indem wir uns wehren, uns verschließen oder flüchten, bleibt uns der Schmerz der Verletzung nicht erspart, im Gegenteil, er wird schlimmer. Der Schmerz ist ja bereits in uns. Durch das aktuelle Ereignis wird er nicht erzeugt, sondern nur ausgelöst. Jedes Mal, wenn wir unser Herz erneut vor diesem Schmerz verschließen, leiden wir dreifach: erstens unter dem Schmerz, der in uns ist, ganz gleich, ob wir ihn wahrnehmen oder nicht. Zweitens erzeugt das Nichtwahrnehmen unseres Schmerzes wiederum Schmerz (der vom Schmerz betroffene Teil leidet darunter, nicht wahrgenommen zu werden). Drittens erzeugt unsere emotionale Reaktion (Wut, Verschlossenheit, Flucht) zusätzlichen Schmerz.

Doch nicht nur negative, sondern auch positive Gefühle verwechseln wir mit Tatsachen, nur eben mit solchen, die wir erstrebenswert finden und daher erlangen oder festhalten möchten. Aber auch dies funktioniert nicht. Gefühle sind Gefühle und keine Tatsachen. Ein Gefühl ist etwas, das man fühlt und das dann von einem anderen

Gefühl abgelöst wird. Gefühle kann man nicht festhalten, ebenso wenig wie man sie abwehren kann. Allerdings kann man positive Gefühle ebenso wie negative bewusst fühlen (anstatt sie nur zu haben, sich von ihnen beherrschen zu lassen, vor ihnen wegzulaufen oder ihnen hinterher zu jagen) und sein Herz für sie öffnen. Öffne ich mein Herz einem negativen Gefühl, so erlöse ich den Teil, der unter einer negativen Identifikation litt, von diesem Leid, indem ich aufhöre, das Gefühl für eine mich betreffende Tatsache zu halten, und das Gefühl als solches erkenne, wahrnehme und mit Mitgefühl, Respekt und Verständnis fühle. Öffne ich mein Herz einem positiven Gefühl, so befreie ich mich ebenfalls von der Identifikation mit dem Gedanken, der es auslöste, und damit von der Abhängigkeit von Auslösern. Ich erkenne es als mein Gefühl und gebe ihm, was es von meinem Herzen braucht: Erlaubnis, Raum, Anerkennung. Auf diese Weise bekommt es einen Platz in meinem Herzen, und das ist die Art, wie ich es mir zu eigen mache. Hat es erst einen Platz in meinem Herzen gefunden, kann niemand es mir wieder nehmen. Ich muss es nicht festhalten. Ich kann zulassen, dass andere Gefühle den Horizont meines Bewusstseins einnehmen. Ich weiß, das schöne Gefühl ist in meinem Herzen und ich kann es jederzeit wieder hervorholen. Ich brauche keinen anderen Menschen und keinen besonderen Umstand, um es auszulösen.

Wenn ein Mensch mich liebt, erzeugt das ein schönes Gefühl in mir. Wenn ich nicht emotional darauf reagiere, sondern einfach offen bin und *fühle*, fühle ich seine Liebe, und das ist zweifellos ein schönes Gefühl. Es ist sein Gefühl und betrifft mich nicht wirklich. Ich löse es nur in ihm aus. Das Schöne für mich ist, dass ich diese Liebe fühlen kann.

Im Allgemeinen reagieren wir auf die Liebe eines anderen jedoch mit einer Emotion. Auf welche Weise wir reagieren, hängt natürlich davon ab, ob wir die Person mögen oder nicht. Und wenn wir sie mögen oder ihre Liebe erwidern, hängt es noch davon ab, welche Grundüberzeugung wir unbewusst über uns selbst hegen. Halte ich mich für hässlich, wird diese Liebe mich glauben lassen, ich sei vielleicht doch schön, und ich werde mit Freude und Dankbarkeit reagieren. Halte ich mich für schuldig, werde ich vielleicht froh sein, dass hier endlich ein Mensch ist, der Unschuld in mir sieht, und so fort. Schließlich werden wir abhängig von dieser Liebe, weil sie aus uns etwas Schöneres oder Besseres zu machen scheint.

Solange ich Gefühle mit Tatsachen verwechsle, die mich betreffen, mich also unbewusst mit ihnen identifiziere, werde ich danach trachten, Menschen zu finden, die mich positiv sehen, besonders in Bereichen, in denen meine Grundannahmen über mich selbst eher negativ ausfallen. Wenn ich unbewusst davon überzeugt bin, schlecht zu sein, werde ich Menschen suchen, die Gutes in mir sehen. In der Gegenwart solcher Menschen kann ich wenigstens für möglich halten, dass ich gut bin. Wenn ich unbewusst davon überzeugt bin, ein Versager zu sein, werde ich Menschen suchen, die in mir jemanden sehen, der etwas leistet, denn wenn die Menschen glauben, dass ich etwas leiste, ändert sich möglicherweise die Tatsache, und ich bin kein Versager mehr.

Aber, großes Aber: Das funktioniert nicht auf Dauer. Wie schon erklärt ändert sich die unbewusste Grundüberzeugung nicht dadurch, dass man gegenteilige Erfahrungen macht. Eine Zeit lang glauben wir vielleicht oberflächlich etwas anderes ... bis irgendetwas uns Anlass gibt, die alte Negativüberzeugung wieder auftauchen zu lassen. Solange wir uns dieser Negatividentifikation nicht bewusst sind, bleibt sie für uns Tatsache, und wir werden immer wieder dieser Tatsache entsprechend reagieren.

Wird sie uns jedoch bewusst, haben wir eine Chance, etwas zu ändern. Aber Vorsicht! Die Änderung tritt nicht dadurch ein, dass wir die negative Überzeugung in eine positive umwandeln. Solange ich meine, etwas ändern zu müssen, bin ich immer noch mit etwas identifiziert. Die wirkliche Änderung besteht in der Erkenntnis, dass es sich um einen Gedanken handelt und nicht um eine Tatsache.

Das nennt man Erwachen. Erwachen ist das Einzige, was wirklich frei macht. Indem ich erkenne, dass es nur ein Gedanke ist und keine Tatsache, bin ich bereits befreit. Ich war sowieso die ganze Zeit frei. Ich wusste es nur nicht, weil ich in diesem Gedanken gefangen war.

Nun kann ich es wagen, das Gefühl, das dieser Gedanke erzeugt hatte, zu fühlen. Vorher dachte ich, es sei etwas Schlimmes und man dürfe noch nicht einmal in die Nähe dieses schlimmen Gefühls kommen (weil es ja den Charakter einer Tatsache hatte). Jetzt weiß ich, dass es nur ein Gefühl ist, und kann es endlich zulassen. Und das tut gut. Es tut unendlich gut, einen Schmerz zu fühlen, der immer schon da war, aber noch nie gefühlt wurde. Es heilt und befreit und erleichtert ungemein.

Mini-Übung

Nehmen Sie einen tiefen Atemzug. Richten Sie Ihre Aufmerksamkeit darauf, wie Sie sich in diesem Augenblick fühlen. Gönnen Sie diesem Gefühl ein wenig Zuwendung.

Wir glauben, Gefühle kämen von außen

(These 13) Da Gefühle im Zusammenhang mit bestimmten Ereignissen und Personen auftauchen oder verschwinden, halten wir diese Ereignisse und Personen für ihre Erzeuger.

Du machst mich so glücklich. Dieser Mensch macht mich wütend, jener eifersüchtig, ein anderer tut mir weh, verletzt mich, und so fort. Kein Geld zu haben macht mich unglücklich, schönes Wetter macht mich froh und so fort.

Wir sind gewohnt, Menschen und Umstände für die Erzeuger unserer Gefühle zu halten. Bei Licht betrachtet sind es aber nicht die Menschen und die Umstände, die unsere Gefühle erzeugen, sondern unsere eigenen Gedanken. Wenn ein Mensch mich beispielsweise mit Zärtlichkeit und Aufmerksamkeit verwöhnt, interpretiere ich dieses Verhalten unbewusst als etwas, das mich betrifft. Ich muss liebenswert sein, muss etwas Gutes, Schönes, Besonderes oder Wertvolles sein, um dieses Verhalten verdient zu haben, und darüber bin ich glücklich. Nicht die Zärtlichkeit des anderen macht mich glücklich, sondern die Art, wie ich diese Zärtlichkeit interpretiere. Würde ich nicht (unbewusst) interpretieren, sondern nur fühlen, dann würde ich einfach das Gefühl des anderen – die Zärtlichkeit – fühlen, also mit ihm teilen, aber keine Schlussfolgerung über mich selbst daraus ableiten.

»Kein Geld zu haben, macht mich unglücklich.« Diesen Satz kann glaube ich, fast jeder unterschreiben, auch ich. Doch bei näherer Betrachtung stimmt er nicht. Umstände erzeugen kein Gefühl. Gedanken erzeugen Gefühle: die Art, wie wir die Umstände für uns interpretieren. Es gibt gleichmütige Menschen, die keinen Umstand als positiv oder negativ bewerten und deshalb auf keinen Umstand emotional reagieren.

Eine Geschichte, die in verschiedenen mystischen Traditionen auftaucht, lautet im Kern etwa so: Etwas geschieht, und alle meinen »Was für ein Unglück«, aber der Weise, der im Zentrum der jeweiligen Geschichte steht, sagt nur: »Wir werden sehen.« Später erweist sich das vermeintliche Unglück als Glücksfall. Alle freuen sich, aber der Weise sagt wieder nur: »Wir werden sehen.« Dann erweist sich das vermeintliche Glück als etwas, das letztendlich Unglück bringt. Und wieder sagen alle: »Was für ein Unglück«, und der Meister sagt: »Wir werden sehen.« So geht es weiter, bis wir verstanden haben, dass es keinen Sinn hat, eine Situation als positiv oder negativ zu bewerten, weil wir letztlich nicht wissen können, was Glück und was Unglück ist. Ein anderer Held spiritueller Anekdoten wird zu Unrecht beschuldigt, eine Frau geschwängert zu haben. Er sagt nur: »So, so.« Man bringt ihm das Kind, und er sagt: »So, so.« Er zieht es groß. Ein paar Jahre später nimmt man ihm das Kind wieder fort, weil man den Irrtum bemerkt hat, und unser Mann sagt wieder nur: »So, so.«

Menschen, die mit einem bestimmten Umstand kein »Thema haben«, wie man heute in psycho-spirituellen Kreisen sagt, bei denen also keine seelische Verletzung berührt wird, reagieren nicht emotional auf diesen Umstand. Wenn ich kein Geld habe, interpretiere ich diese Tatsache entsprechend meiner Denkweise, den in meiner

Familie und der Gesellschaft geltenden Werten, meinen Erwartungen an das Leben und meinen Grundannahmen über mich selbst. Möglicherweise halte ich mich aufgrund dieses Umstands für arm, wertlos, unfrei, behindert, eingesperrt, für einen Versager, einen Idioten, ein Opfer von Ungerechtigkeit, oder aber im Gegenteil für frei oder besonders gut und gottgefällig. Und entsprechend werde ich mich fühlen.

Wie ein Mensch sich mir gegenüber verhält, resultiert aus seiner Sichtweise und seiner persönlichen Geschichte. Mit mir hat es nichts zu tun. Was mit mir zu tun hat, ist die Art, wie ich dieses Verhalten interpretiere. Je nachdem, an welcher negativen Grundüberzeugung über mich selbst ich kranke, werde ich ein rücksichtsloses Verhalten gegen mich als Demütigung und Herabsetzung interpretieren oder als Ablehnung, Unrecht, Verrat oder als Hinweis darauf, wie schlecht ich bin oder dass ich mal wieder übersehen werde. Gibt es auf dem Grunde meiner Psyche keine negative Grundannahme über mich selbst, werde ich das Verhalten dieser Person als ihre eigene Angelegenheit erkennen und es nicht auf mich beziehen. Ich werde mit Mitgefühl, Verständnis oder Gleichmut reagieren oder vielleicht mit Verwunderung oder Interesse.

Wenn es noch so sehr auf der Hand zu liegen scheint und meine ganze Umgebung mit mir der Meinung ist, dass dieses oder jenes Verhalten eines anderen für mich eine Demütigung, ein Unrecht oder sonst eine mich betreffende Tatsache darstellt, so ist dies doch niemals die Wahrheit. Das Verhalten eines Menschen mir gegenüber sagt immer etwas über ihn aus, nie über mich. Und die Art, wie ich emotional darauf reagiere, also das Gefühl, das dieses Verhalten in mir weckt, hat immer etwas mit mir zu tun und nie mit ihm.

Wenn jemand Sie unfreundlich behandelt

Denken Sie an jemanden, der Sie unfreundlich oder schlecht behandelt, Ihnen negative Gefühle entgegenbringt oder negativ auf Sie reagiert. Stellen Sie fest, was das mit Ihnen macht. Wie reagieren Sie innerlich? Mit welcher Emotion? Spüren Sie Ihren Atem und Ihren Körper. Wie fühlt es sich an, diese Emotion zu haben? Was braucht sie von Ihrem Herzen? Anerkennung? Verständnis? Mitgefühl? Entdecken Sie den Schmerz, auf den sie sich bezieht und vor dem sie Sie zu schützen versucht. Öffnen Sie Ihr Herz für diesen Schmerz, indem Sie ihn bewusst fühlen. Denken Sie nun mit offenem Herzen an den Menschen, der Sie schlecht behandelt oder negativ auf Sie reagiert. Stellen Sie sich vor, ihm in die Augen zu schauen, während Sie Ihren Schmerz und Ihre Emotion (Zorn, Trauer, Angst etc.) fühlen. Richten Sie nun Ihr Interesse darauf, wie der andere sich fühlt oder in der betreffenden Situation gefühlt hat. Wenn Sie Ihr Herz wirklich geöffnet haben, können Sie es wahrnehmen. Vielleicht erzeugt das eine Regung von Verständnis, Mitgefühl oder Respekt in Ihnen. Möglicherweise ist das Gefühl des anderen identisch mit dem Ihren.

Wie auch immer: Erkennen Sie nun, dass sein Verhalten nichts mit Ihnen zu tun hat, sondern durch seine eigene Geschichte bedingt ist? Können Sie seine Gefühle und Ihre Gefühle nun trennen?

Unsere Beziehungen basieren auf Irrtümern

(Thesen 14 und 15) Unsere Beziehungen basieren auf zwei Irr-
tümern:
erstens auf der unbewussten und selbstverständlichen An-
nahme, dass unsere Gedanken die Realität und unsere Gefühle
Tatsachen seien;
zweitens auf der Annahme, unsere Gefühle würden von anderen
Menschen oder äußeren Umständen erzeugt.

Da wir Gefühle für Tatsachen halten, die uns betreffen, und
glauben, diese würden von anderen erzeugt, betrachten wir die
Menschen, mit denen wir in Beziehung stehen, als Erzeuger an-
genehmer oder unangenehmer Tatsachen, die uns betreffen, und
verhalten uns entsprechend.

Was geschieht in unseren Beziehungen, wenn wir dies alles durcheinanderbringen?

Erstens: Ich halte dich für jemanden, der aus mir etwas
Besseres oder Schlechteres, Geringeres oder Größeres,
Schöneres oder Hässlicheres machen kann. Ich halte dich
für jemanden, der meine innere Realität beeinflussen
kann. Dementsprechend ersehne ich von dir ein bestimmtes Verhalten und fürchte ein anderes. Ich mache
mich von deinem Verhalten abhängig.

Wie fühlen Sie sich mit der Liebe Ihres Partners?

Was tut Ihnen gut am Verhalten Ihres Partners Ihnen gegenüber? Wie fühlen Sie sich, wenn Sie seine/ihre Liebe oder Zuneigung spüren? Am besten können Sie das herausfinden, indem Sie konkret an eine Situation denken, in der sie/er diese Liebe gezeigt hat, und dann in sich hineinspüren. Fühlen Sie Ihren Atem, und lernen Sie das Gefühl kennen, das in Ihnen geweckt wird.

Wie interpretieren Sie die Tatsache, dass dieser Mensch Sie liebt? Fühlen Sie sich dadurch wertvoll, schön, geliebt, anerkannt, verstanden, wertgeschätzt, liebens- oder vertrauenswert, geborgen, sicher?

Ist Ihnen klar, dass es in Ihnen ein Bedürfnis oder eine Sehnsucht nach diesen Gefühlen geben muss – nach Wertschätzung, Liebe, Anerkennung, Geborgenheit und so fort? Erlauben Sie dieser Sehnsucht, einmal aufzutauchen, und wenden Sie sich ihr zu. Wie fühlt sie sich an? Prüfen Sie, was sie von Ihrem Herzen braucht (indem Sie wahrnehmen, welches dieser Schlüsselworte eine Reaktion hervorruft): Anerkennung? Achtung? Raum? Erlaubnis? Dass ihre Erfüllung für möglich gehalten wird? Oder einfach, dass sie wahrgenommen wird?

Indem Sie fühlen, was diese Sehnsucht von Ihnen braucht, öffnen Sie Ihr Herz für sie.

Merken Sie, dass Sie auf diese Weise die Verantwortung für diese Sehnsucht und ihre Erfüllung übernehmen und Ihren Partner entlasten?

Merken Sie, dass sich die Erfüllung im Innern genau dadurch anbahnt, dass Sie diese Sehnsucht bewusst fühlen?

Zweitens: Ich bürde dir die Verantwortung für mein inneres Wohl auf.

Durch meine Abhängigkeit übe ich einen einschränkenden Einfluss auf dich aus. Ich versuche, deine Freiheit, du selbst zu sein, einzuschränken. Je nachdem, unter welchen Grundidentifikationen und Ängsten du leidest, wirst du dich von mir einengen lassen oder nicht. Daraus, dass du dich nicht einengen lässt, werde ich – je nach Grundidentifikation – möglicherweise schließen, dass du mich nicht liebst, und mir jemand anderen suchen, jemanden, der sich stets so verhält, dass ich mich gut fühle.

Drittens: Alles, was du tust, äußerst und ausstrahlst, interpretiere ich als etwas, das mich betrifft, und dies ruft entsprechende Gefühle in mir wach. Je nachdem, ob ich diese Gefühle mag oder fürchte, reagiere ich mit positiven oder negativen Emotionen, die du wiederum als etwas interpretierst, das dich betrifft. Und diese Interpretation erzeugt in dir angenehme oder unangenehme Gefühle, auf die du emotional reagierst.

Keiner von uns beiden ist in Kontakt mit seiner inneren Realität, da wir beide von unseren Gedanken und Emotionen hypnotisiert sind. Beide leben wir in einer Welt der Täuschung. Begegnung findet nicht statt, außer in den seltenen Momenten, da die Herzen sich öffnen und die Wahrheit fühlbar wird.

Welcher Ihrer wunden Punkte wird in Ihren Beziehungen besonders oft berührt?

Beobachten Sie, auf welches Verhalten Sie immer wieder emotional reagieren (das heißt, mit Abwehr, Verschlossenheit, Trauer oder Flucht). Lernen Sie Ihre Emotion kennen. Wo sitzt sie? Wie fühlt es sich an, diese Emotion zu haben? Spüren Sie Ihren Atem und *fühlen* Sie Ihre Emotion. Worauf bezieht sie sich? Auf welchen Schmerz? Was hat Ihnen so weh getan, dass Sie sich wehren oder verschließen oder flüchten mussten oder traurig wurden? Wenn Sie zulassen können, diesen Schmerz wahrzunehmen, sind Sie in Kontakt mit Ihrem wahren Gefühl. In Zukunft werden Sie gleich in der Situation bemerken, wenn dieser Schmerz wieder berührt wird, und ihn einfach fühlen können, anstatt emotional zu reagieren. Nach und nach wird sich die Überzeugung, die diesem Schmerz zugrunde liegt, in Ihrem Geist lockern, und Sie werden das Verhalten anderer, das Sie vorher auf die Palme gebracht oder in Verzweiflung gestürzt hat, nicht mehr auf sich beziehen.

Viertens: Sein eigenes Verhalten so einzuschränken, dass der Partner es niemals als für sich negativ interpretieren kann, und die entsprechende Einschränkung vom Partner zu fordern, gilt als die Übereinkunft der Liebe. Aber diese Art von Beziehung ähnelt einem Gang über ein Minenfeld. Von einigen Tretminen wissen wir, an welchen Stellen wir sie finden, andere tauchen überraschend auf. Kann man dabei glücklich werden? Man kann eine Zeit lang eine Art Glücksgefühl erleben, das daraus entsteht, dass man meint, wirklich geliebt zu werden und vor Verletzungen sicher zu sein. Auf Dauer jedoch wird man unweigerlich an der Einschränkung leiden und dagegen rebellieren. Da die »Liebe«, die in der gegenseitigen Einschränkung besteht, nicht angetastet werden darf, wird man sich auf Formen der Rebellion verlegen, die diese »Liebe« scheinbar nicht in Gefahr bringen. Man wird sich beispielsweise hinter der Maske der Zärtlichkeit innerlich distanzieren und vom Partner zurückziehen. Man wird sich ständig über Kleinigkeiten aufregen und auf diese Weise seinen Zorn über die Einschränkung ausdrücken. Man wird hinter dem Rücken des Partners Kontakt zu Menschen suchen, in deren Nähe man sich frei fühlt. Man wird Meinungen, Verhaltensweisen, Vorschläge des Partners ablehnen. Das Interessante ist, dass man dabei im Allgemeinen auf genau das Verhalten zurückgreift, das den Partner an seiner tiefsten psychischen Verletzung trifft. Man tut also genau das, was er am meisten fürchtet, nicht etwa, weil man ihn so sehr hasst, dass man absichtlich auf seinen wunden Punkt zielt, sondern weil der Partner eine negative Grundidentifikation hat, die man unbewusst wahrnimmt und teilt. Leidet der Partner beispielsweise an der Grundüberzeugung, abgelehnt zu sein, so wird man unbewusst genau in diese Kerbe hauen, indem man auf seine Meinungsäußerungen, Gedanken, Vorschläge, Verhaltensweisen ablehnend reagiert. Man »spiegelt« ihm die Ablehnung. Wenn er/sie sich grundsätzlich für verraten und betrogen hält, wird man möglicherweise Zuflucht bei Freunden und Bekannten nehmen, bei denen man sich freier fühlt, und auf diese Weise den negativen Grundgedanken des Partners bestätigen. Das ist die teuflische Dynamik von Beziehungen, unter der man leidet, solange man ihr Opfer ist, die sich aber als göttlich vollkommen erweist, wenn man die Aufmerksamkeit nach innen richtet und im eigenen Innern das zu sehen beginnt, was das Verhalten der Mitmenschen einem spiegelt.

Wie schränken Sie sich und Ihre Partner ein?

Betrachten Sie Ihre Paarbeziehung (sofern Sie in einer festen Beziehung leben, sonst denken Sie an die wichtigste Beziehung Ihrer Vergangenheit).

Welche Einschränkungen verlangen Sie von Ihrem Partner oder setzen sie als selbstverständlich voraus?

Stellen Sie sich vor, Ihr Partner hält sich nicht an diese Einschränkungen. Wie würden Sie sich fühlen? Was wäre schlimm für Sie? Welchen Schmerz würde das in Ihnen auslösen?

Merken Sie, dass Sie Angst vor diesem Schmerz haben? Können Sie diese Angst fühlen?

Können Sie auch den Schmerz fühlen? Er ist bereits in Ihnen, hinter Ihrer Angst, auch wenn das Ereignis noch gar nicht eingetreten ist. Sie fürchten ihn, weil Sie ihn schon kennen. Es ist der Schmerz einer negativen Grundüberzeugung. Welche könnte das sein? (Die Überzeugung, ungeliebt oder wertlos zu sein; verlassen, abgelehnt, verraten, gedemütigt zu werden …)

Welchen Einschränkungen unterwerfen Sie sich freiwillig oder auf Verlangen Ihres Partners?

Stellen Sie sich vor, Sie halten sich nicht an diese Einschränkung. Wie würden Sie sich fühlen? Was wäre schlimm für Sie? Welchen Schmerz würde das in Ihnen auslösen?

Merken Sie, dass Sie Angst davor haben?

Können Sie Ihre Angst bewusst fühlen? Wo sitzt sie? Worauf bezieht sie sich?

Können Sie den Schmerz auch fühlen? Er ist bereits in Ihnen vorhanden. Es ist ein Schmerz aus Ihrer Vergangenheit.

Haben Sie jenseits dieser Ängste und Schmerzen auch eine Sehnsucht, sich von den Einschränkungen zu befreien?

Können Sie diese Sehnsucht fühlen?

Wir haben keinen Kontakt zur inneren Realität anderer

(These 16) Zur inneren Realität unserer Mitmenschen haben wir keinen Kontakt, da wir sie nicht fühlen. Wir betrachten andere durch den Filter unserer Überzeugungen und der durch diese ausgelösten Emotionen.

Im Grunde ist es ganz einfach wahrzunehmen, wie die Menschen, mit denen wir zu tun haben, sich fühlen und wie sie grundsätzlich denken. Es ist die leichteste Übung überhaupt, denn wir fühlen es. Aber weil unsere Aufmerksamkeit nicht dort ist, wo Fühlen stattfindet, merken wir es nicht. Vielmehr mischen sich die Gefühle anderer und unsere eigenen Gefühle mit unseren emotionalen Reaktionen auf unsere Interpretationen und deren emotionalen Reaktionen, auf die wir wiederum reagieren, und das alles ergibt ein ziemliches Durcheinander.

Solange ich den anderen als Erzeuger negativer oder positiver Tatsachen, die mich betreffen, betrachte, bin ich in der Gemütsverfassung eines kleinen Kindes gegenüber seinen Eltern. Es erkennt die Eltern nicht als eigenständige Wesen mit eigenen Bedürfnissen und Gefühlen, sondern als Quelle der Befriedigung seiner Bedürfnisse – nach Liebe, Wärme und Schutz, nach Bestätigung, Anerkennung, Wertschätzung, Unterstützung und so fort.

Wenn ich von dir das bekomme, was ich von dir zu brauchen meine, bin ich mit dir zufrieden. Wenn nicht, bin ich unzufrieden. Wenn du von mir das bekommst, was du von mir zu brauchen meinst, bist zu mit mir zufrieden. Wenn nicht, bist du unzufrieden. In letzterem Falle fühle ich mich vielleicht unsicher oder bedroht, weil ich Angst habe, verlassen zu werden. Oder ich fühle mich schlecht, weil ich zu Schuldgefühlen neige, oder minderwertig, weil ich meine, ein Versager zu sein, und so fort.

Mit deiner inneren Realität habe ich keinen Kontakt. Ich weiß nicht, wie du dich fühlst. Ich weiß nicht, wie es ist, du zu sein. Gelegentlich informierst du mich vielleicht darüber, und ich kann versuchen etwas davon zu verstehen, sofern ich deine Information überhaupt als Mitteilung über dich wahr- und annehmen kann und sie nicht in eine Aussage über mich ummünze, auf die ich wiederum emotional reagiere. Das ist das Drama in vielen Auseinandersetzungen zwischen Eheleuten oder Beziehungspartnern. Du versuchst mir zu erklären, wie du dich fühlst, und ich interpretiere, dass ich mal wieder etwas falsch gemacht habe, und wehre mich … Oder ich versuche dir zu erklären, wie ich mich fühle, und du interpretierst meinen Schmerz als etwas, was dich schuldig macht, und verteidigst dich … Auf diese Weise ist Verständigung über die wahren Gefühle kaum möglich.

Übung für zwei: Einander mitteilen, wie man sich fühlt

Verabreden Sie ein Herzensgespräch. Anlass kann ein Problem sein; aber auch ohne akutes Problem ist diese Übung für Paare sehr hilfreich.

Verständigen Sie sich zu Beginn über den Zweck der Übung und die Regeln.

Zweck: Jeder Partner soll Gelegenheit bekommen, sein Herz für die Gefühle des anderen zu öffnen.

Regeln: Es gibt eine vorher vereinbarte Redezeit – Vorschlag: 15 Minuten pro Person. Während dieser 15 Minuten spricht Person A über das, was derzeit ihr Herz bewegt (ob es nun mit der Beziehung zu tun hat oder mit etwas anderem). Dabei bemüht sie sich, aus dem Herzen heraus zu sprechen und nicht vom Verstand her, sprich: ihre Gefühle zu äußern und nicht ihre Überlegungen.

Partner B hört nur zu. Wenn das Gesagte in B emotionale Reaktionen hervorruft, bemerkt B diese Gefühle bewusst und übt dann weiterhin, echtes Interesse für die Gefühle aufzubringen, die A ausdrückt. B darf nicht antworten, nur zuhören.

Wenn As Redezeit abgelaufen ist, schlage ich eine kleine Pause vor. In dieser Zeit, die schweigend zugebracht werden soll, können beide das Gesagte in ihrem Herzen nachklingen lassen.

Dann werden die Rollen gewechselt: B spricht und A hört zu.

Grundregel: kein Kommentar, keine Antwort, keine Diskussion. Bei Schwierigkeiten erinnert man sich an den Zweck der Übung: Die zuhörende Person soll Gelegenheit bekommen, ihr Herz für die sprechende zu öffnen, indem sie den Gefühlen, die die sprechende ausdrückt, mit Offenheit und Interesse begegnet.

Eventuelle emotionale Reaktionen auf das Gesagte sollen im eigenen Innern wahrgenommen und verarbeitet werden (siehe Übung zur körperzentrierten Herzensarbeit, Seite 169). Wenn man nicht sicher ist, ob man etwas richtig verstanden hat, ist eine Nachfrage natürlich empfehlenswert.

Weitere Regel: Was man auf diesem Weg vom anderen erfahren hat, darf niemals als Waffe in einer Auseinandersetzung benutzt werden.

Am besten einigt man sich bei Beginn der Übung darauf, dass das Gespräch in einem heiligen Raum stattfindet, der durch entsprechende Einstimmung hergestellt wird.

Wir führen Krieg, weil wir nicht fühlen

(These 17) Da wir gewisse unangenehme Gefühle für bedroh-liche, ja sogar existenzgefährdende Tatsachen halten, bekämpfen, unterdrücken, ja vernichten wir andere lieber, als diese Gefühle wahrzunehmen.

Wir halten Mitmenschen und Umstände für die Erzeuger unserer Gefühle und diese für Tatsachen, die uns bedro-hen, vernichten, verletzen können. Bei dieser (ebenso unbewussten wie selbstverständlichen) Sichtweise ist es nicht verwunderlich, dass wir Gewalt gegen einander anwenden, wenn das Verhalten, der Charakter oder die reine Existenz bestimmter Menschen in uns Gefühle von Demütigung, Ungerechtigkeit, Ohnmacht, Schmerz oder Mangel auslösen. Da wir diese Gefühle für uns selbst be-treffende Tatsachen halten, erscheinen sie uns unerträg-lich und unakzeptabel, und Menschen oder Umstände, die uns in diese Zustände stürzen, scheinen eine Gefahr für uns selbst darzustellen. Wenn beispielsweise die An-gehörigen einer bestimmten Gruppe über bessere Chan-cen, mehr Geld und eine fundiertere Ausbildung ver-fügen als die meiner Gruppe, interpretiere ich dies als Ungerechtigkeit. Diese Ungerechtigkeit verstehe ich als Tatsache, die mich betrifft, anstatt zu erkennen, dass es eine Interpretation der Tatsachen und ein dadurch aus-gelöstes Gefühl ist. Oder, je nach psychischer Konditio-nierung, fasse ich es als für mich demütigend auf, als etwas, das auf meinen geringeren Wert hinweist beziehungsweise meinen Wert verringert. Auf Grund dieser Interpretationen, die ich für Realität halte, und dieser Gefühle, die ich für mich betreffende Tatsachen halte, lehne ich mich gegen die andere Gruppe auf, bekämpfe oder verachte sie, bedrohe sie, boykottiere sie, versuche ihr die Privilegien zu rauben und sie mir anzueignen.

Diese Verwechslung von Gedanken-Emotionen mit Tatsachen ist derart verbreitet und geschieht so automatisch, dass Sie meine Worte vielleicht zunächst gar nicht nachvollziehen können. Wieso, fragen Sie möglicherweise empört, soll das keine Ungerechtigkeit sein, gegen die man sich auflehnen muss? Und ist es etwa nicht demütigend, wenn andere aufgrund ihrer Zugehörigkeit zu einer Gruppe sozial über mich gestellt werden?

Aber nicht die Umstände sind verletzend, sondern die Art, wie wir sie auffassen. Wenn ich nicht an der psychischen Grundidentifikation der Ungerechtigkeit oder Demütigung leide, wenn ich »kein Thema« damit habe, werde ich nicht emotional reagieren. Ich werde die Gegebenheiten einfach als das nehmen, was sie sind: Gegebenheiten. Die einen haben mehr Geld und eine bessere Ausbildung, die anderen weniger. So ist es. Ich werde es gar nicht interpretieren, weder als gut noch als schlecht. Wenn ich sehe, dass andere meiner Gruppe deswegen an dem Schmerz der Ungerechtigkeit oder Demütigung leiden, werde ich überlegen, was man tun kann, um die Verhältnisse für meine Gruppe zu verbessern. Wer sagt im Übrigen, dass es gut ist, viel Geld und eine gute Ausbildung zu haben? Es sind Umstände, die allgemein als positiv bewertet werden, die aber für die innere Entwicklung – und auf die kommt es letztlich an – keine Bedeutung haben. Glück hat nichts mit äußeren Umständen zu tun. Es sei denn, die äußeren Umstände sind so extrem geartet, dass physisches Wohlsein und Überleben bedroht sind.

In unserer westlichen Welt teilen wir fast alle eine unterschwellige Existenzangst. Wir sind uns bewusst, dass wir viel besitzen und dass vieles von unserem Wohlstand auf Kosten anderer erworben wurde und wird. Weil wir uns von der Technik abhängig gemacht haben, scheint unsere Existenz davon abzuhängen, ob wir immer genügend Strom für die Maschinen haben. Dass wir im Winter nicht erfrieren, hängt davon ab, ob wir genügend Heizmaterial haben und Strom für unsere Heizungsanlagen. Unser Komfort ist eine zerbrechliche Angelegenheit, und an der Oberfläche machen wir uns wenig Sorgen darüber, aber unterschwellig nagt die Angst.

Die Angst zu verlieren, was uns lieb und teuer oder selbstverständlich ist

Denken Sie an etwas, das Ihnen lieb, teuer oder einfach selbstverständlich ist. Stellen Sie sich vor, Sie würden es verlieren. Malen Sie sich aus, wie das wäre.

Wie würden Sie sich fühlen?

Können Sie wahrnehmen, dass Sie Angst vor diesem Gefühl haben?

Wo sitzt diese Angst im Körper? Wo spüren Sie sie? Wie fühlt sie sich an?

Lassen Sie es ruhig zu, diese Angst zu fühlen. Sie ist ohnehin da, ob Sie sich ihr zuwenden oder nicht. Manchmal haben wir Angst davor, eine Angst zuzulassen, aus einem gewissen Aberglauben heraus: Wenn ich die Angst anschaue, dann wird das wahr, wovor ich Angst habe. Falls eine solche Angst vor der Angst auch in Ihnen existiert, nehmen Sie diese wahr. Öffnen Sie Ihr Herz für sie.

Nehmen Sie zur Kenntnis, dass die Dynamik des Lebens genau umgekehrt funktioniert. Was wir verdrängen, begegnet uns in der Außenwelt. Wenn wir unsere Angst jedoch bewusst fühlen und ebenso das Gefühl, vor dem wir uns fürchten, müssen wir diese Gefühle nicht nach außen projizieren.

Da war also die Angst vor der Angst, der Sie Ihr Herz geöffnet haben. Nun können Sie vielleicht die Angst wahrnehmen, die der Gedanke an einen Verlust des Lieben oder Gewohnten in Ihnen auslöst. Spüren Sie diese Angst im Körper auf, lernen Sie sie kennen. Erleben Sie sie bewusst. Sie werden merken, wie dankbar sie dafür ist, dass sie endlich wahrgenommen wird. Was braucht sie sonst noch von Ihrem Herzen? Anerkennung? Achtung? Erlaubnis?

Wir denken, dass wir Angst vor den Umständen haben; Angst vor dem Verlust von Geld, Arbeit, wirtschaftlicher Stabilität; Angst vor dem, was geschieht, wenn der Strom ausfällt, wenn wir nicht mehr heizen, nicht mehr Auto fahren können, wenn unsere Computer ausfallen. Aber wenn wir genauer hinschauen, werden wir feststellen, dass wir nicht Angst vor diesen Umständen haben, sondern davor, wie wir uns in solchen Umständen fühlen würden. Wir haben Angst vor Gefühlen und nicht vor Tatsachen.

Wir meinen aber, dass Tatsachen und Umstände uns bedrohen und dass unser Wohlergehen von jenen abhängt, die für diese Tatsachen verantwortlich sind beziehungsweise diese Umstände erzeugen können. Da ist es nur logisch, dass wir Kriege führen, um zu verhindern, dass Umstände eintreten, die wir als bedrohlich für uns selbst empfinden.

Unser Körper leidet an der Bürde
nicht gefühlter Gefühle

(These 18) Jedes Gefühl ist zugleich ein körperlicher Zustand und mit einem bestimmten Spannungszustand verbunden. Da wir unsere Emotionen nicht fühlen, bleibt der spezifische Spannungszustand, der durch sie erzeugt wird, in unserem Körper zurück. Dadurch wird dieser mit der Zeit mehr und mehr beeinträchtigt und letztlich krank.

Denken Sie an eine beliebige Emotion. Zum Beispiel Wut. Wenn Sie Ihre Aufmerksamkeit nun auf Ihren Atem und Ihren Körper richten, werden Sie merken, dass allein der oberflächliche Gedanke an Wut bereits eine bestimmte Spannung in Teilen Ihres Körpers erzeugt. Vielleicht in Ihrem Kiefer, in den Schultern, in den Armen, im oberen Rücken, in den Beinen, eventuell im Bauch. Sie können das mit jeder beliebigen Emotion ausprobieren und werden feststellen: Jede Emotion ist zugleich ein körperlicher Zustand. Wenn schon der oberflächliche und abstrakte Gedanke an eine Emotion Ihren Körper derart beeinflusst, können Sie sich vorstellen, wie groß der Einfluss ist, den reale Gefühle auf Ihren Körper haben. Sie können das ebenfalls ausprobieren, indem Sie an eine Situation oder Person denken, die zurzeit tatsächlich ein Gefühl – welches auch immer – in Ihnen auslöst. Denken Sie an die Situation oder Person, auf die Sie irgendwie emotional reagieren – aggressiv, flüchtend, verschließend oder blockierend –, und beobachten Sie, was in Ihrem Körper geschieht. Sie werden in einem oder mehreren Bereichen Ihres Körpers Anspannung oder sonstige Symptome entdecken. Wenn Sie sich in diese Körperempfindungen vertiefen, werden Sie den körperlichen Ausdruck einer Emotion darin finden. Ich werde das später genauer ausführen.

Jede Emotion ist also ein körperlicher Zustand. Wir fühlen aber unsere Emotionen nicht, sondern setzen sie in Gedanken und Taten um oder unterdrücken sie. Einiger unserer Gefühle sind wir uns zwar bewusst, aber auch diese fühlen wir nicht, sondern stellen lediglich ihr Vorhandensein fest.

Was geschieht mit einer Emotion, die nicht gefühlt wird?

Fangen wir anders an. Was geschieht mit einer Emotion, die bewusst gefühlt wird? Je bewusster und aufmerksamer ich meine Wut fühle, desto weniger bin ich in mit den Gedanken identifiziert, welche die Wut auslösen. Wenn ich die Wut nicht nur oberflächlich wahrnehme, sondern mich ihr wirklich zuwende, sprich: mit meinem Atem in die Körperbereiche gehe, in denen sich ihre Spannung manifestiert, löst sich diese Spannung allmählich. Der wütende Teil meiner selbst ist erleichtert, weil er wahrgenommen wird. Mein Herz öffnet sich für ihn. Die Spannung fällt weg, und der Schmerz, der unter ihr verborgen lag, tritt zutage. Wenn ich ihn fühle, verschwindet jede mit diesem Gefühlskomplex verbundene Spannung aus meinem Körper. Die Spannung der verschiedenen Emotionen war Ausdruck meiner Art, mich gegen den Schmerz zu wehren oder vor ihm zu verschließen. Nun wird der Körper befreit, und die Seele hört auf zu leiden. Wenn die Emotion jedoch nicht gefühlt wird, bleibt die von ihr erzeugte Spannung im Körper, und ich bleibe mit dem negativen Gedanken, der hinter dem Drama steckt, identifiziert. Folglich fürchte ich mich auch weiterhin vor dem Schmerz, den dieser Gedanke erzeugt. Die Spannung der Angst bleibt in mir bestehen, ebenso die Notwendigkeit, mich zu verteidigen oder zu flüchten, wenn man an diese Wunde rührt. Mein emotionales Reaktionsmuster bleibt bestehen. Selbst wenn die momentane Wut verraucht ist oder ich mich mit dem Menschen, auf den ich wütend bin, versöhne, bleibt sie als Restspannung im Körper, und damit verbunden bleibt die ständige innere Bereitschaft, diese Wut bei ähnlichen Anlässen wieder aufleben zu lassen.

Jeder von uns leidet an negativen Grundüberzeugungen über sich selbst. Solange diese nicht als das entlarvt werden, was sie sind, nämlich Gedanken, halten wir sie unbewusst für Realität und leiden unter dem Schmerz, den sie in uns verursachen und der durch die Art, wie wir die Ereignisse aus dieser Grundüberzeugung heraus interpretieren, immer wieder aktualisiert wird.

Vor diesem Schmerz können wir nur große Angst haben, da wir ihn mit einer Tatsache verwechseln. Und diese Angst ist als Dauerspannung in unserem Körper gespeichert. Um sie nicht fühlen und nicht mit dem Gefürchteten in Kontakt treten zu müssen, reagieren wir emotional – mit aggressiven, flüchtenden oder blockierenden Emotionen und Verhaltensweisen, die wiederum eine spezifische Spannung im Körper erzeugen. Auch diese Spannung verewigt sich gewissermaßen, wenn sich die entsprechenden Reaktionen zu immer wiederkehrenden Mustern verfestigen.

All diese Spannungen und Muster manifestieren in Fleisch und Blut. Je nachdem, in welchen Körperbereichen und auf welche Weise sie sich niederschlagen, formen sie unsere Haltung und unsere Mimik, beeinflussen die Art, wie die Energie sich in unserem Körper bewegt, die Funktion unserer Organe, unseren Blutfluss und prägen sich (physisch!) unserem Gehirn ein.

Im Laufe unseres Lebens sammeln wir mehr und mehr Rückstände nicht gefühlter Emotionen in unserem Körper an. Staus und Blockaden, Fehlhaltungen, Über- und Unterfunktionen verfestigen sich. Aus Spannungen werden Verspannungen und aus diesen schließlich manifeste körperliche Schäden. Wenn wir im Alter krank und hinfällig werden, so liegt das nicht daran, dass Alter eben mit Krankheit und Hinfälligkeit verbunden ist, sondern daran, dass wir nicht fühlen und unseren Körper niemals von der Last unserer Emotionen befreien.

Körpertherapeuten und »Bodyworker« (also Leute, die Physiotherapie, Rolfing, Shiatsu, Tibetan Pulsing, Osteopathie, bioenergetische Massagen und Ähnliches betreiben) können ein Lied davon singen. Emotionale Spannungen und Blockaden, die durch nicht verarbeitete seelische Schocks ausgelöst wurden, bilden tastbare Realitäten in unserem Körper – und können über den Körper aufgelöst werden. Diese Auflösung durch Berührung, Behandlung, Massage oder Atem geht damit einher, dass die Gefühle aus dem Körper ins Bewusstsein aufsteigen, also bewusst werden.

Körperliche Symptome als geistig-emotionale Zustände kennenlernen
Dauer: 15 bis 30 Minuten

Gibt es ein akutes oder chronisches körperliches Symptom, das Sie plagt?

Nehmen Sie sich eine viertel oder eine halbe Stunde Zeit, um sich diesem Symptom gründlich zuzuwenden.

Spüren Sie Ihren Atem. Versetzen Sie sich mit Ihrer Aufmerksamkeit und Ihrem Atem in den betroffenen Körperteil. Erleben Sie seinen Zustand, als wenn es Ihr eigener wäre. Tatsächlich ist es Ihr eigener: Wenn Sie aufmerksam, geduldig und bewusst atmend den Zustand erleben, in dem sich dieser Teil Ihres Körpers befindet, werden Sie früher oder später entdecken, dass es sich dabei um die körperliche Ausdrucksform eines Gefühls handelt. Richten Sie Ihre Aufmerksamkeit darauf, wie Sie sich fühlen, während Sie diesen Körperzustand bewusst atmend erleben. Welches Gefühl drückt er aus? Wenn es Ihnen schwerfällt, das zu erkennen, blenden Sie im Hintergrund Ihre Lebensumstände ein. Fällt es Ihnen jetzt leichter? Sobald Sie das Gefühl erkannt haben, richten Sie Ihre Aufmerksamkeit auf die Erforschung dieses Gefühls. Spüren Sie Ihren Atem, lernen Sie das Gefühl bewusst kennen. *Fühlen* Sie es.

Unser Geist wird durch Erkenntnis von einschränkenden, Leid erzeugenden Mustern befreit, unser Körper durch Fühlen. Erkenntnis allein reicht nicht aus, um den Körper von der Spannung der Emotion zu befreien. Vielmehr müssen wir uns bewusst in die Spannung der Emotion begeben, sie durch unsere Aufmerksamkeit, unsere Präsenz, unseren Atem berühren und ihr unser Herz öffnen.

Unser Körper krankt daran, dass wir instinktlos geworden sind

(These 19) Wie Nahrungsmittel, Medikamente, Drogen, Orte oder Menschen auf uns wirken, können wir fühlen. Da wir diese Gefühle aber nicht bemerken, handeln wir nicht im Einklang mit unserem Körper und schwächen und überfordern ihn auf diese Weise.

Wenn Sie einen Bissen eines Nahrungsmittels in den Mund nehmen, ohne ihn hinunterzuschlucken, können Sie unmittelbar fühlen, wie dieses Nahrungsmittel auf Sie wirkt. Es ist nicht dasselbe wie Schmecken. Schmecken und die damit verbundenen Körperreaktionen (Magensaftproduktion etc.) kommen erst in zweiter Instanz. Sie können die Wirkung aber auch bewusst fühlen, wenn Sie das Obst, Gemüse oder was auch immer es ist, in die Hand nehmen, ja sogar schon vorher, wenn Sie es ansehen. Gleich beim ersten Kontakt ist diese gefühlsmäßige Wahrnehmung da.

Dieses Fühlen wird allerdings von vielem überlagert: zum einen von unseren kulturbedingten Zu- und Abneigungen, zum anderen von persönlichen Erinnerungen, dann von der Art, wie äußere Reize auf uns wirken, zum Beispiel ein Geruch, der angenehme Assoziationen weckt, oder ein schönes glänzendes Aussehen oder etwas, das wir über Nahrungsmittel gelernt haben, oder vergangene negative Erfahrungen mit dieser Art von Nahrungsmittel.

Die primäre Wahrnehmung durch Fühlen ist deshalb nicht verschwunden, aber wir haben verlernt, sie zu bemerken.

Dieses Fühlen ist das, was man Instinkt nennt: die Intuition des Körpers.

Die Wirkung eines Nahrungsmittels erspüren

Nehmen Sie den ersten Bissen Ihrer nächsten Mahlzeit sehr bewusst zu sich. Betrachten Sie ihn; nehmen Sie seinen Duft wahr; schließen Sie die Augen und fühlen Sie, wie er auf Ihren Körper wirkt. Nährend? Wärmend? Kühlend? Erfrischend? Erhitzend? Lebendig? Stumpf und leblos? Erzeugt er Widerwillen?

Gewöhnen Sie sich an, sich vor jeder Mahlzeit einen Augenblick Zeit zu nehmen, um sie auf sich wirken zu lassen und diese Wirkung bewusst wahrzunehmen, bevor Sie die Mahlzeit einnehmen.

Was Nahrungsmittel betrifft, so stellt sich dieser Instinkt bereits ein, bevor unsere Sinne ein bestimmtes Nahrungsmittel wahrnehmen; nämlich durch das, was wir Appetit nennen. Hunger ist unspezifisch; der Körper signalisiert einfach, dass er Nahrung braucht. Appetit ist spezifisch; der Körper signalisiert, dass er diese oder jene bestimmte Nahrung braucht. Im Allgemeinen nehmen wir diesen

Appetit nicht wahr, und wenn wir ihn bemerken, nehmen wir ihn oft nicht ernst.

Den Appetit wahrnehmen

Bevor Sie eine Mahlzeit einnehmen, stellen Sie fest, worauf Sie
Appetit haben. Unser Körper weiß genau, was er braucht, und
teilt es uns mit – durch das Gefühl, das wir Appetit nennen. Appetit ist etwas anderes als Hunger. Wenn der Körper Hunger
meldet, bedeutet das, dass er einfach Nahrung braucht. Appetit zeigt uns, welche Art von Nahrung, beispielsweise etwas
Kühles oder etwas Warmes, etwas Süßes, Saures, Salziges,
Scharfes oder Bitteres. Manchmal bezieht sich Appetit auf eine
Geschmacksrichtung, manchmal auf eine thermische Qualität –
kalt oder warm –, manchmal aber auch auf ein bestimmtes Nahrungsmittel, etwa eine Tomate, einen bestimmten Fisch, ein
Steak, ein Ei, einen Apfel … Es ist meines Erachtens müßig, sich
zu fragen, warum es ausgerechnet ein Apfel sein muss und
keine Birne. Man spürt es einfach. Eine Birne ist von der Konsistenz, der thermischen Wirkung und der Zusammensetzung her
etwas anderes als ein Apfel. Wenn wir es genauer untersuchen,
stellen wir vielleicht fest, dass der Apfel im Gegensatz zur Birne
ein bestimmtes Vitamin enthält, das uns fehlt … Das ist Futter
für den Verstand, aber es macht uns nicht gesund. Was uns gesund und froh macht, ist, unserem Appetit zu folgen.

Wir ernähren uns weder nach Gefühl noch nach Appetit, sondern nach dem vorhandenen Angebot, dem Preis, nach psychologisch bedingten Gelüsten (die aus Erinnerungen und Assoziationen resultieren), nach der Wirkung äußerer Reize (man hat Appetit auf einen Apfel, aber dann riecht es so lecker aus der Bäckerei …) oder nach Vernunftregeln.

Ähnliches gilt für Heilmittel. Wir haben ein natürliches Gespür dafür, welche Art von Medizin unser Körper brauchen kann, wenn er krank ist; ob er Kühlung braucht oder Wärme, ob Bitteres oder Saures, dieses oder jenes Kraut ihm gut tun würde, Ruhe oder Bewegung und so fort. Um das fühlen zu können, muss man jedoch mit seiner Aufmerksamkeit im Körper sein und nicht bei den Gedanken über die Krankheit und was man über sie gelernt hat oder bei der Angst vor ihr.

Ebenso haben wir die Fähigkeit zu fühlen, ob ein Ort – eine Wohnung, ein Arbeitszimmer, eine Ferienunterkunft – uns gut tut und welche Wirkung er auf uns hat, etwa eine beruhigende, inspirierende, dämpfende, verlangsamende oder beschleunigende, aufheiternde, aggressiv oder müde machende. Um dies fühlen zu können, müssen wir Sinneseindrücke, Vorurteile und Erwartungen zur Seite schieben und uns ganz auf das unmittelbare innere Erleben konzentrieren. Es gibt ein primäres und ein sekundäres Gefühl. Das primäre ist das unmittelbare innere Erleben (= Fühlen), das völlig unabhängig von Gedanken, Assoziationen und Emotionen auftaucht. Wie fühle ich mich in diesem Raum, wenn ich alles außer Acht lasse, was ich erwarte, woran er mich erinnert, was ich über ihn denke, und alles, was mich an optischen und sonstigen Sinneseindrücken positiv oder negativ beeinflusst? Wie fühle ich mich ganz unmittelbar? Das ist das primäre Gefühl.

Sekundäre Gefühle, die ein Raum auslösen kann, sind beispielsweise: Begeisterung beim Anblick der wunderschönen Terrasse; Enttäuschung, weil der Raum klein und dunkel ist statt groß und hell, wie ich es mir gewünscht habe; Geborgenheit, weil er mich an das Zimmer meiner Großmutter erinnert, und so fort.

Orte fühlen

Wenn Sie das nächste Mal einen für Sie noch unbekannten Ort betreten – ein Zimmer, ein Haus, einen Platz, ein Gebäude –, verweilen Sie einen Augenblick dabei, wie Sie sich fühlen, bevor Sie sich umgeschaut haben. Üben Sie dies mehrere Male mit neuen Orten, bevor Sie die Übung in bekannten Räumen machen, beispielsweise zu Hause oder an Ihrem Arbeitsplatz. Möglicherweise erfahren Sie die Qualität der Räume, in denen Sie sich aufhalten, auf eine neue Weise. Vielleicht teilt sich Ihnen durch dieses Hinspüren etwas Wichtiges mit. Möglicherweise müssen Sie etwas ändern: umräumen, entrümpeln, putzen, in einer anderen Farbe streichen … Und wieder hinspüren. So lange, bis Sie sich wirklich wohlfühlen.

Wir haben die Fähigkeit, immer und überall zu fühlen, wie ein Ort, ein Mensch, ein Nahrungsmittel, eine Medizin, eine Musik oder was auch immer auf uns wirkt, und dieses Fühlen findet ständig statt, aber wir sind nicht gewöhnt, es wahrzunehmen. Daher verlassen wir uns so oft auf mittelbare Informationen aus zweiter und dritter Hand und handeln auf eine Weise, die dem Körper nicht zuträglich ist. Wenn man das gelegentlich tut, ist es nicht weiter schlimm; der Körper kann sich anpassen. Lebt man aber ein Leben lang an den Bedürfnissen seines Körpers vorbei, kann er sich irgendwann nicht mehr anpassen und wird krank.

Wenn Sie sich nicht ganz wohlfühlen

Wenn Sie sich nicht ganz wohl in Ihrer Haut fühlen, an einem vielleicht nicht so dramatischen, aber schon seit längerer Zeit bestehenden Unwohlsein oder Wehwehchen leiden oder ein wenig depressiv sind, sollten Sie einmal ehrlich in sich gehen: Gibt es in Ihrem Leben einen Ort, einen Umstand oder eine Beziehung, mit der Sie nicht wirklich übereinstimmen? Durchstreifen Sie Ihre Wohnung und Ihren Arbeitsplatz mit Ihrer Aufmerksamkeit, dann Ihre Ernährungsgewohnheiten, Ihre Lebensgewohnheiten, Ihre Beziehungen, Ihre Arbeit. Womit fühlen Sie sich nicht ganz wohl?

Können Sie dieses Unwohlsein auch fühlen, anstatt es nur zu haben? Solange Sie es nur haben, sich ihm aber nie zuwenden, wird es an Ihrer Lebensfreude nagen und Ihnen Energie rauben. Wenn Sie es aber fühlen, wird der betreffende Teil Ihrer selbst erleichtert sein, weil er sich wahrgenommen fühlt. Damit holen Sie diesen Teil gewissermaßen zu sich nach Hause, statt ihn durch Ignorieren von sich abzuspalten und sich der Energie zu berauben, die ihm innewohnt.

Spüren Sie Ihren Atem, und erforschen Sie mit Ihrer Aufmerksamkeit, wie Sie sich mit dem betreffenden Umstand fühlen. Spüren Sie Ihren Körper. Wie fühlt es sich an, wenn Sie daran denken? Wie fühlen Sie sich dabei? Machen Sie sich klar, dass es ein Gefühl ist – etwas, das man fühlen kann – und keine Tatsache. Es ist Ihr Gefühl, und es ist wichtig es wahrzunehmen.

Erlauben Sie diesem Gefühl sich auszudrücken. Was teilt es Ihnen mit? Nehmen Sie diese Mitteilungen ernst, aber verwechseln Sie sie nicht mit Tatsachen. Öffnen Sie Ihr Herz für Ihr Gefühl.

Wenn wir aufhören wollen zu leiden, müssen wir anfangen zu fühlen

(These 20) Zusammengefasst:
Wir machen unseren Körper krank, weil wir nicht fühlen.
Wir machen uns und unsere Partner in unseren Beziehungen unglücklich, weil wir nicht fühlen.
Wir führen Krieg, weil wir nicht fühlen.
Wir leiden, weil wir nicht fühlen.
Wir verbreiten Leid, weil wir nicht fühlen.
Wir ignorieren das Leid anderer, weil wir nicht fühlen.
Unsere ganze Welt krankt daran, dass Menschen, die nicht fühlen, derzeit die Führung innehaben.
Wenn wir aufhören möchten zu leiden, müssen wir anfangen zu fühlen.
Wenn wir aufhören möchten, Leid zu verbreiten, müssen wir anfangen zu fühlen.
Wenn wir dazu beitragen möchten, dass es weniger Leid in unserer Welt gibt, müssen wir aufhören zu leiden und anfangen zu fühlen.

Das Leiden beenden

(These 21 bis 22) Es gibt einen Weg, dieses Leid zu beenden, und zwar sofort, in jedem Augenblick, da es uns einfällt, diesen Weg zu beschreiten. Dieser Weg heißt bewusstes Fühlen. Fühlen bedeutet bei sich zu sein, statt außer sich; bedeutet, der Aufmerksamkeit eine andere Richtung zu geben, sie von den Gedanken und den Projektionen unserer Gedanken, die wir für die Realität halten, abzuziehen und zu uns selbst zu bringen.

Wir leiden, weil wir Gefühle unbewusst mit Tatsachen verwechseln und meinen, diese Tatsachen würden von außen verursacht. Wer ernsthaft daran interessiert ist, das Leid zu beenden, muss diesen Irrtum erkennen. Er muss entdecken, dass das, was er für eine Tatsache hielt, in Wahrheit ein Gefühl ist, und dass dieses Gefühl nicht durch Umstände und Mitmenschen erzeugt wird, sondern durch seine eigenen Gedanken. Das bedeutet nicht, Umstände für gut zu erklären, die man vorher entsetzlich fand, oder seine Gedanken für falsch. Es bedeutet schlicht, Gefühle und Gedanken als das zu erkennen, was sie sind, und aufzuhören, sie mit Tatsachen zu verwechseln.

Aus einem Gedanken erwache ich, indem ich erkenne, dass er ein Gedanke ist und nicht die Realität. Um das zu erkennen, muss ich den Gedanken bewusst wahrnehmen, anstatt ihn zu denken.

Aus einem Gefühl erwache ich, indem ich erkenne,

dass es ein Gefühl ist und keine Tatsache. Um das erkennen zu können, muss ich es bewusst wahrnehmen, anstatt es nur zu haben. Ein Gefühl nehme ich wahr, indem ich es fühle. Nur indem ich es *fühle*, kann ich erkennen, dass es ein Gefühl ist.

Fühlen tut gut

(These 23) Bei sich zu sein und zu fühlen, was man fühlt, tut immer gut, ganz gleich, welcher Art das momentan vorhandene Gefühl ist.

Paradoxerweise tut es gut, ein schlimmes Gefühl, vor dem man immer große Angst hatte, zu fühlen. Angst hatte man, solange man es nicht fühlte und unbewusst für eine Tatsache hielt, für etwas, das einen schädigen, verletzen oder umbringen oder in dem man untergehen könnte. Wenn man es zu fühlen wagt, hört diese Täuschung auf. Man fürchtet sich vor dem Gefühl nicht mehr wie vor einer bedrohlichen Tatsache, denn jetzt erkennt man, dass es nur ein Gefühl ist, etwas, das man fühlen kann.

Aber nicht nur diese Erkenntnis tut gut, sondern auch das Fühlen selbst. Fühlen bedeutet ja, den emotionalen und körperlichen Zustand, der ohnehin vorhanden war, aber nicht bemerkt wurde, nun mit Aufmerksamkeit, Präsenz und Atem zu berühren. Der Schmerz war sowieso da, wir haben die ganze Zeit unter ihm gelitten, aber nun wenden wir uns ihm endlich zu.

Dieser Moment des bewussten Fühlens wird als heilend und wohltuend erlebt, als Moment der Heimkehr zu sich selbst, ein Moment, in dem das Herz aufgeht und sich mit Liebe füllt.

Fühlen befreit von Angst

(These 24) Bewusstes Fühlen befreit uns von der Annahme, unsere Gefühle seien Tatsachen, die uns betreffen und die uns bedrohen oder zerstören können.

Indem ich ein Gefühl bewusst wahrnehme und durchlebe, erkenne ich mehr und mehr, dass es nur ein Gefühl ist und keine Tatsache, vor der man sich fürchten muss. Früher drehte ich durch, wenn mein Beziehungspartner mir nicht zuhörte und mich nicht wahrzunehmen schien. Nachdem ich den Schmerz des »Nicht-gehört-Werdens« jedoch bewusst gefühlt hatte, war mir klar, dass es sich bei diesem Gefühl um einen Schmerz aus meiner Kindheit handelte, den ich unbewusst auf die heutige Situation projiziert hatte. Für einen Säugling kann es eine existenzielle Katastrophe sein, nicht gehört zu werden. Für mich als erwachsene Frau war es nicht überlebenswichtig, dass mein Partner mir zuhörte. Manchmal war er einfach nicht in der Verfassung dafür, dann würde ich es ihm eben ein anderes Mal erzählen oder ihn um Aufmerksamkeit bitten. Zu beidem war ich früher, als ich den Schmerz noch nicht bewusst gefühlt hatte, nicht in der Lage gewesen. Ich war einfach hysterisch geworden.

Solange wir den Schmerz einer seelischen Verletzung aus unserer Kindheit verdrängen, halten wir ihn unbewusst für eine Tatsache und fürchten uns davor. Lenken wir unsere Aufmerksamkeit auf uns selbst, können wir diese Angst entdecken und hinter der Angst den Schmerz. Und sobald wir diesen Schmerz bewusst fühlen, wissen wir, dass das, was wir für eine Tatsache hielten, nur ein Gefühl war, und zwar ein Gefühl aus der Vergangenheit, das wir unbewusst auf die heutige Situation projiziert haben. Dadurch entfällt die Angst, und unsere Sichtweise der Situation korrigiert sich.

Fühlen rückt alles zurecht

(These 25 bis 27) Fühlen befreit uns von der Idee, in unserer Selbsteinschätzung, unserem Selbstwert und der Art, wie wir uns fühlen, von anderen abhängig zu sein. Fühlen löst aus der Verstrickung. Anstatt unseren Partnern die Verantwortung für unser Befinden aufzubürden und uns die für das ihre, können wir auseinanderhalten, was ihre Gefühle sind und was unsere. Fühlen rückt zurecht, was verrückt und verworren war.

Solange wir Gefühle mit Tatsachen verwechseln und unsere Mitmenschen für die Erzeuger dieser Tatsachen halten, sind wir in unserem emotionalen Wohlbefinden von ihnen abhängig. Sobald wir beginnen, unsere Gefühle bewusst wahrzunehmen und aus den Gedanken, die diese Gefühle erzeugen, aufzuwachen, klärt sich dieser Irrtum. Nun sind wir mit unserer Aufmerksamkeit bei uns, anstatt die anderen durch die Brille unserer Überzeugungen und Emotionen zu betrachten und ihr Verhalten auf uns zu beziehen. Wir können unsere Gefühle als unsere Angelegenheit und ihre Gefühle als ihre Angelegenheit erkennen und Letztere mitfühlend wahrnehmen.

Diese Trennung wirkt wohltuend auf alle Beteiligten, denn sie rückt zurecht, was verrückt und verworren war.

Fühlen führt zu Mitfühlen

(These 28 bis 29) Fühlen lässt uns in Kontakt mit der inneren Realität des anderen treten und öffnet auf diese Weise unser Herz für die Liebe. Fühlen führt zu Mitgefühl, Verständnis und Respekt.

Solange ich meine Gefühle unbewusst mit Tatsachen verwechsle, die ich entweder abwehren oder herbeiführen will, sind die Menschen, mit denen ich in Beziehung stehe, für mich nur Erzeuger dieser Tatsachen. Mit ihrer inneren Realität bin ich nicht in Kontakt. Wenn ich aber zu *fühlen* beginne, erkenne ich, dass das, was ich für Tatsache hielt, nur ein Gefühl war. Und die scheinbare Realität, aus der ich dieses Gefühl herleitete, war in Wirklichkeit nur ein Gedanke, eine Interpretation der Ereignisse auf der Basis meiner vergangenen Erfahrungen, die nichts mit der gegenwärtigen Realität zu tun hat. Mein Herz ist nun offen für die Gefühle, welche die gegenwärtige Situation aufgrund meiner vergangenen Erfahrungen in mir ausgelöst hat. Und da ich nichts mehr abwehren muss, bin ich in der Lage, auch die Gefühle der an der Situation beteiligten Mitmenschen wahrzunehmen. Indem ich fühle, was sie fühlen (Mitgefühl ist der natürliche Zustand des offenen Herzens), verstehe ich sie, und indem ich sie verstehe, kann ich sie achten.

Fühlen beendet den Krieg

(These 30 bis 31) Fühlen beendet den Krieg in unserem Innern. Fühlen befreit uns von der Notwendigkeit, Kriege zu führen, da wir aufhören, Gefühle mit Tatsachen zu verwechseln, die wir fürchten und vor denen wir uns schützen müssen.

Solange ich Gefühle mit Tatsachen verwechsle, die mich betreffen, bin ich gezwungen, einige dieser Gefühle zu bekämpfen. Würde ich sie zulassen – denke ich unbewusst –, so würde mich das umbringen oder wäre zumindest unerträglich. Ich könnte nicht damit umgehen.

Bewusstes Fühlen befreit mich von der Annahme, Gefühle seien Tatsachen: Die Furcht vor ihnen entfällt und ebenso die Notwendigkeit, sie zu bekämpfen, zu ignorieren oder zu unterdrücken.

Indem ich mein Herz für jene Gefühle zu öffnen beginne, die ich vorher in mir unterdrückt und bekämpft habe, werde ich auch fähig, dieselben Gefühle in anderen wahrzunehmen und zu respektieren, ohne mich davor verschließen zu müssen. Sie machen mir keine Angst mehr.

Je deutlicher ich erkenne, dass alles, wovor ich mich gefürchtet habe, ein Gefühl war und keine Tatsache, und je mehr ich wage, dieses Gefühl zu fühlen, verliere ich die Angst vor den vermeintlichen Tatsachen. Damit entfällt nach und nach auch die Notwendigkeit, mich gegen andere zu wehren, mich vor ihnen zu schützen oder sie zu vergewaltigen, um zu bekommen, was ich mir wünsche oder was ich brauche. Ich weiß nun, dass alles, wovor ich Angst habe und was ich wünsche und brauche, in Wirklichkeit ein Gefühl ist und keine Tatsache. Und ich entdecke, dass niemand anders ein Gefühl in mich hineinzaubern kann, weil alle Gefühle, gute wie schlechte, bereits in mir vorhanden sind und von Menschen und Umständen nur ausgelöst, aber nicht erzeugt werden.

Fühlen befreit von der Herrschaft der Emotionen

(These 32 bis 33) Fühlen befreit uns von der Angst vor bestimmten Gefühlen und vor Personen oder Umständen, die diese Gefühle auslösen. Fühlen befreit uns von der Vorherrschaft unserer Emotionen.

Je mehr ich bewusst fühle, desto geringer wird meine Angst vor bestimmten Gefühlen und vor Menschen, die diese auslösen können. In schwierigen Situationen achte ich nun gleich auf mein Gefühl, anstatt mich allzu sehr in meinen Projektionen, Gedanken und Emotionen zu verlieren. Auf diese Weise wird jede Situation für mich zur Gelegenheit, ein Gefühl kennen zu lernen und mein Herz zu öffnen. Nach und nach muss ich immer seltener emotional reagieren und kann mein wahres Gefühl schneller und leichter wahrnehmen und zulassen.

Fühlen heilt

(These 34 bis 36) Fühlen befreit unseren Körper von der Spannung, die unsere Emotionen in ihm hinterlassen, sodass unsere Energie wieder freier fließen kann. Fühlen erlaubt uns, rechtzeitig wahrzunehmen, was uns gut tut und was nicht, und uns entsprechend unserer Natur zu verhalten. Fühlen heilt.

Indem ich fühle, berühre ich meinen Körper – den Ort, wo das Gefühl wohnt – mit meinem Atem und meiner Aufmerksamkeit, und das Gefühl steigt aus dem Körper, in dem es verborgen war, ins Bewusstsein und ins Herz. Der Teil, der an dem betreffenden Gefühl litt, fühlt sich erleichtert, weil er endlich wahrgenommen wird, und die Spannung des Gefühls weicht aus dem Körper. Energie, die durch das festgefrorene Gefühl blockiert war, kann nun wieder frei fließen. Auf diese Weise kann Fühlen den Körper heilen.

Emotionen fühlen im täglichen Leben

Sie können mitten in Situationen des täglichen Lebens Ihr Herz für Ihre Gefühle öffnen. Wenn Sie beispielsweise das nächste Mal ärgerlich werden, *fühlen* Sie Ihren Ärger, statt nur ärgerliche

Gedanken zu haben und ärgerlich zu reagieren. Spüren Sie Ihren Atem. Spüren Sie die Spannung, die der Ärger in Ihrem Gesicht und Ihrem Körper verursacht. Beobachten Sie diese Spannung nicht nur, sondern seien Sie mitten in der Spannung, erleben Sie sie. Das ist Ihr Ärger. Nun fühlen Sie ihn. Fragen Sie sich im Stillen – das kann in jeder Situation geschehen –, was dieser Ärger von Ihrem Herzen braucht. Prüfen Sie, welcher Herzensschlüssel eine innere Reaktion bewirkt: Verständnis? Erlaubnis, da zu sein? Anerkennung? Achtung? Mitgefühl? Oder will der Ärger einfach nur bewusst gefühlt werden? Üben Sie dasselbe mit allen Gefühlen, die Sie bewusst bemerken. Wenn Sie verzweifelt sind, *fühlen* Sie Ihre Verzweiflung, statt verzweifelt zu sein. Wenn Sie traurig sind, *fühlen* Sie Ihre Trauer. Wenn Sie Angst haben, *fühlen* Sie Ihre Angst. Wenn Ihnen das in einer Situation nicht gelingt, probieren Sie es zumindest oberflächlich, fragen Sie sich, was das Gefühl von Ihnen braucht, und prüfen Sie die Herzensschlüssel durch (das sind die Schlüsselworte Anerkennung, Erlaubnis, Achtung, Mitgefühl, Verständnis, Erbarmen). Allein der Gedanke an den richtigen Herzensschlüssel kann die innere Situation zum Besseren wenden.

Indem wir unsere Aufmerksamkeit auf das Fühlen lenken, können wir auch unsere Fähigkeit, instinktiv wahrzunehmen, was unserem Körper guttut, wiederentdecken. Fühlen macht uns sensibler für die Bedürfnisse des Körpers. Auch auf diese Weise kann Fühlen den Körper heilen.

Fühlen sammelt unsere Energie

(These 37) Fühlen macht lebendig.

Im normalen, nicht fühlenden Zustand sind wir nicht besonders lebendig. Unsere Lebensenergie wird von allerlei nicht bemerkten und deshalb festgehaltenen Gefühlen blockiert, unser Verhalten wird von unseren Ängsten diktiert, und unsere Energie kann nicht frei in die Richtung fließen, die unsere Sehnsucht ihr vorgibt. Wir sind zerrissen, denn unsere Aufmerksamkeit ist nicht dort, wo unser Körper ist, sondern in der Welt unserer Gedanken oder bei der Wahrnehmung der Außenwelt. Das alles reduziert unsere Lebendigkeit und unsere Lebensfreude.

Indem ich fühle, bringe ich meine Aufmerksamkeit nach Hause in den Körper, zu mir, ins Herz, zu meinem Atem, und damit bringe ich alle Schichten und Teile, aus denen ich bestehe, zusammen. Statt zerstreut, bin ich nun zentriert. Die ganze Energie, die an verschiedene Gedanken, Emotionen und Wahrnehmungen gebunden war, ist nun in meinem Körper versammelt. Und welches Gefühl auch immer gerade am stärksten in mir vorhanden ist, ob negativ oder positiv, ich bin auf einmal sehr, sehr lebendig.

Fühlen stellt unser Denken auf eine gesündere Basis

(These 38 bis 39) Fühlen ersetzt das Denken nicht, gibt ihm aber eine gesündere Basis. Fühlen ist vielleicht nicht die Lösung für alle Probleme, aber auf jeden Fall der Beginn ihrer Lösung.

Solange wir nicht fühlen, können wir die Realität nicht erkennen, so intelligent wir auch sein mögen. Wir sind unwillkürlich von unseren Gedanken und den aus ihnen entstehenden Emotionen besessen; wir können nicht anders. Was als verstandesmäßige Entscheidung erscheint, ist in Wirklichkeit von unseren unbewussten Ängsten und Wünschen – also von Gefühlen – motiviert. Was wie die vernünftige Einordnung eines Mitmenschen oder einer Situation wirkt, ist in Wirklichkeit eine Interpretation, die aus unserer persönlichen Geschichte resultiert. Wir können überhaupt nicht anders, als die Welt durch den Filter unserer prägenden Grundüberzeugungen zu betrachten.

Indem wir anfangen zu *fühlen*, beginnen wir dies zu entdecken. Statt durch den Filter unserer Überzeugungen zu schauen, entdecken wir den Filter und die Emotionen, die dieser Filter in uns auslöst, als unsere eigenen Gefühle, die wir bislang für Tatsachen hielten. Wir beginnen, Gedanken von Realität und Gefühle von Tatsachen zu unterscheiden. Wir beginnen, Realität und Tatsachen wahrzunehmen, anstatt sie zu interpretieren.

Wir beginnen, hinter unseren Problemen jene Emotionen zu entdecken, die aus einer Gegebenheit ein Problem gemacht haben, und uns von ihrer Herrschaft zu befreien. Wir entdecken, dass nicht die Situation das Problem war, sondern die Art, wie wir die Dinge interpretiert und uns aufgrund dieser Interpretation gefühlt haben. Wir entdecken die Angst, aufgrund derer die Situation für uns unerträglich oder schwierig wurde oder nach einer Lösung zu schreien schien. Wir entdecken den Schmerz, der dieser Angst zugrunde lag. Indem wir diesen Schmerz fühlen, befreien wir uns von der Angst, die unsere Sicht verzerrt hat, und auf einmal sehen wir klar. Es gibt kein Problem. Es gibt nur eine Situation, und nun, da wir klar sehen, erkennen wir auch die Lösung oder zumindest den Schritt, den wir tun können, um eine Lösung in Gang zu setzen.

Wir müssen wieder fühlen lernen

(These 40) Zusammengefasst:
Um zu genesen, um Menschen zu werden, die fühlen und mit-
fühlen, die Intuition, Instinkt, ein offenes Herz und eine klare
Bewusstheit haben, um unsere Probleme zu lösen, unsere
Krankheiten zu heilen, Konflikte zu bereinigen und dazu beizu-
tragen, dass sich Frieden, Mitgefühl, Lebendigkeit und Freude
auf dieser Erde ausbreiten können, müssen wir wieder fühlen
lernen.

Teil II

Wieder fühlen lernen

Von Gefühlen beherrscht

Praktisch alles, was wir tun, tun wir aufgrund von Gefühlen – vor allem aus Sehnsucht und Angst, aber auch aus Zorn oder Mitleid, Gier oder Hilflosigkeit, Sympathie, Misstrauen oder Abneigung heraus, um nur einige Beispiele zu nennen. Alle Lieder und die meisten Filme und Romane handeln von Gefühlen, wenn nicht von Gefühlen der Sehnsucht, des Verlangens oder der Liebe, dann von Gefühlen wie Hass, Rachedurst, Machtgier, Ohnmacht oder dem Wunsch nach Gerechtigkeit. Uns fehlt es wahrlich nicht an Gefühlen.

In Wirklichkeit aber fühlen wir nicht, sondern werden von Gefühlen beherrscht, was geradezu das Gegenteil ist. Würden wir fühlen, wären wir Menschen, die nicht von Gefühlen getrieben wären, sondern Entscheidungsfreiheit besäßen. Wir wären nicht gezwungen, so zu handeln, wie unsere Angst, unsere Habgier, unsere Süchte, unsere Vorlieben und Abneigungen, unsere Wut, unsere Rachsucht oder unsere Wünsche es uns diktieren. Gefühle würden uns nicht beherrschen, nicht aus dem Gleichgewicht bringen, nicht in Gier, Verzweiflung, Sucht und Abhängigkeit treiben und nicht zur Anhaftung an unbefriedigende Beziehungen verleiten. Unsere Welt, die gegenwärtig voller unsinniger Grausamkeiten und Ungerechtigkeiten ist, in der Millionen Menschen hungern, obwohl der Planet genug Nahrung für alle produziert, in der Menschen einander mit Bomben, Gewehrkugeln und Giftgas töten, verstümmeln und verletzen und ihre Umwelt vergiften. Diese Welt wäre eine glücklichere, gerechtere und friedvollere. Denn all diese für den gesunden Menschenverstand nicht nachvollziehbaren Dinge geschehen, weil Menschen von Gefühlen beherrscht werden statt von Vernunft. Eine Handvoll Menschen besitzt einen Großteil aller Gelder und Güter auf diesem Planeten und trachtet danach, diesen Besitz noch zu vergrößern, koste es, was es wolle. Diese Menschen, die wir uns vielleicht souverän, mächtig und gefühllos vorstellen, sind in Wirklichkeit genau wie alle anderen von Gefühlen getrieben, vor allem von Wünschen und Ängsten.

Unsere Welt wird nur scheinbar vom Verstand beherrscht. In Wirklichkeit herrschen Gefühle, und zwar vor allem Angst. Hinter jedem Bedürfnis nach Absicherung und hinter jedem Wunsch nach noch mehr Geld oder Macht steckt, wenn man genau hinschaut, Angst. Und unter dieser Angst sitzt das, wovor wir alle Angst haben – der Schmerz. Wir haben Angst zu verhungern, zu sterben, ausgeliefert zu sein, Mangel zu leiden. Wir haben Angst, klein zu erscheinen oder armselig, lächerlich oder unwichtig, schwach oder dumm. Wir haben Angst, nicht geliebt, nicht geachtet oder betrogen zu werden. Wir haben Angst, dass wir übervorteilt werden, dass uns Unrecht geschieht. Ich wage zu behaupten, dass wir in unserem Kulturkreis alle ohne Ausnahme unter psychologischen Ängsten leiden. Damit meine ich jene Ängste, die nicht durch aktuelle, tatsächlich bedrohliche Gegebenheiten bedingt sind, sondern durch vergangene, nicht verarbeitete Erfahrungen.

Angst vor Schmerz, Mangel, Vernichtung und Unsicherheit auf der einen Seite – und Sehnsucht auf der anderen Seite sind die Triebkräfte menschlichen Handelns. Wir alle, ob Mann oder Frau, arm oder reich, ob eher emotional oder rational veranlagt, extrovertiert oder introvertiert, handeln aus Angst oder aus Sehnsucht, also aus Gefühlen heraus. Sehr selten tun wir etwas aus wahrer Liebe, aus Mitgefühl oder aus einer Vernunft, die vom Herzen gesteuert ist und nicht von einer als Ratio getarnten Angst. Und noch seltener sind die Menschen, die stets aus dem Herzen heraus handeln statt aufgrund von persönlichen Emotionen. Wir sind geneigt, sie für Heilige zu halten, für ganz besondere Menschen, aber ich bin überzeugt, dass die Güte und Selbstlosigkeit eines Heiligen eigentlich ein natürliches Verhalten ist, während unser von Angst und Gier gesteuertes Verhalten neurotisch und unnatürlich ist.

Die Angst, von der unser Kollektiv besessen ist, verleitet uns dazu, uns auf Kosten anderer zu bereichern und abzusichern, notfalls mit Gewalt. Wir fürchten den Tod und das Alter; haben Angst vor Krankheit und davor, die ärztliche Behandlung nicht bezahlen zu können, irgendwann kein Geld mehr zu haben, unsere Arbeit, unsere Wohnung und unseren Partner zu verlieren. Wir schließen eine Versicherung nach der anderen ab, um jedes Risiko auszuschließen. Unsere Behausungen sind im Allgemeinen perfekte Bollwerke gegen die Natur … Wir sind regelrecht von Angst besessen, aber wer fühlt diese Angst? Wo befindet sich all diese Angst? Wo kann man sie überhaupt fühlen? Und ist nicht alles noch viel schlimmer, wenn man sie fühlt? Ist es nicht besser, sich abzusichern und die Angst zu vergessen?

Die Angst steckt uns in den Knochen, sitzt uns im Nacken, durchzieht als feine oder massive Spannung unsere Muskeln und Organe, blockiert unsere Atmung und unseren Energiefluss. Sie schränkt unsere Freiheit ein, nimmt uns den Schwung und die Freude und macht uns letztlich krank.

Angst zu fühlen, ist ganz etwas anderes. Sobald Sie eine Angst, die Sie haben, auch *fühlen*, befreien Sie sich von ihrer Herrschaft und den angstvollen Teil Ihrer selbst vom Leid. Sobald Sie eine Wut, die Sie aggressiv werden lässt, auch *fühlen*, kehrt Frieden ein, und die Wut wird zu einer positiven Kraft, die Ihnen Würde, Macht und Selbstachtung gibt. Sobald Sie einen Schmerz, unter dem Sie leiden, tatsächlich *fühlen*, quält er Sie nicht mehr. Sobald Sie Ihre Ohnmacht *fühlen*, sind Sie nicht mehr ohnmächtig. Sobald Sie Ihre Liebe oder Verliebtheit *fühlen*, wird sie zu einer Kraft, die Ihr Herz belebt und Sie glücklich macht, ohne dass Sie sie auf das Objekt Ihres Verlangens projizieren müssen. Das hat nicht zur Folge, dass Sie diesen Menschen fortan nicht mehr lieben. Im Gegenteil: Erst jetzt können Sie überhaupt anfangen, ihn zu lieben. Wenn Sie sich freuen, weil etwas geschehen ist, das Sie glücklich macht, so kann diese Freude in Trauer oder Zorn umschlagen, wenn die Geschehnisse sich ändern. Wenn Sie Ihre Freude jedoch *fühlen*, wird sie zu einer Kraft, die in Ihrem Herzen ist und Sie glücklich macht, wie die Umstände auch sein mögen. Der Person oder Gegebenheit, welche die Freude in Ihnen ausgelöst hat, werden Sie dankbar sein, weil sie Ihnen geholfen hat, dieses schöne Gefühl zu entdecken, aber Sie werden nicht von ihr abhängig sein.

Fühlen befreit von der Identifikation mit dem Gefühl. Es setzt die Kraft frei, die durch die Emotion mobilisiert oder blockiert wird, und macht sie nutzbar. Es befreit den Körper von der Spannung der Emotion und uns von seiner Herrschaft. Es gibt so viel mehr zu fühlen als nur unsere Emotionen. Eigentlich stehen uns diese sogar im Weg, wenn wir lernen möchten, zu fühlen. Fühlen ist unser unmittelbares inneres Erleben. Noch bevor die Wahrnehmung unserer äußeren Sinne einsetzt – Augen, Ohren,

Nase, Geschmack und Tastsinn – und lange bevor unser Verstand die Wahrnehmungen interpretiert, gibt es bei jeder Begegnung und in jeder neuen Situation ein erstes unmittelbares Gefühl. So vieles von dem, was wir uns auf umständliche Weise an Information aneignen müssen, könnten wir einfach fühlen – wenn wir das nicht verlernt hätten: das Wesen und die innere Verfassung der Menschen, mit denen wir zu tun haben; die Qualität von Orten, Nahrungsmitteln, Farben, Heilmitteln, Stoffen, Aromen, Musik; die Grundstimmung der Menschen, mit denen wir in Verhandlung treten; den Zeitgeist, kollektive Strömungen, das Wetter von morgen, das Herannahen bestimmter Ereignisse oder Gefahren, die richtige Entscheidung, das angemessene Verhalten in einer Situation.

Wenn es darum geht, Entscheidungen zu treffen, Konflikte zu bewältigen oder Probleme zu lösen, brauchen wir das Fühlen notwendiger als das Denken. Wenn wir eine Entscheidung zu treffen oder einen Menschen im Hinblick auf eine Funktion, eine Arbeit oder eine Beziehung zu beurteilen haben, fühlen wir sehr genau, was richtig ist, und zwar lange bevor unser Verstand es (wenn überhaupt) erfassen kann.

Auch im Umgang mit anderen können wir das Fühlen dringend brauchen. Obwohl wir gern nette Menschen sein wollen und uns oft darauf berufen, gefühlvoll zu sein, haben wir im Allgemeinen keinerlei Zugang zum Herzen unserer Mitmenschen, also zu dem, was sie fühlen. Die meisten von uns wissen nicht, was Mitgefühl bedeutet, weil sie nicht wissen, was Fühlen überhaupt bedeutet. Mitgefühl bedeutet nichts anderes als im eigenen Innern fühlen zu können, was der andere fühlt. Es ist eine natürliche Fähigkeit unseres Herzens, die allerdings voraussetzt, dass wir überhaupt fühlen.

Mitleid von Mitgefühl unterscheiden

Gibt es etwas, das Sie nicht ertragen können, wenn es anderen Menschen geschieht oder angetan wird? Ich kann beispielsweise nicht ertragen, wenn jemand sich auf etwas gefreut hat und dann enttäuscht wird. Oder wenn jemand lächerlich gemacht wird. Denken Sie an eine Situation, in der jemand etwas erleidet, das Sie unerträglich finden. Vielleicht gibt es auf Ihrer Seite emotionale Reaktionen wie Zorn, Empörung, Verzweiflung und das Gefühl von Ohnmacht oder Hilflosigkeit, wenn Sie an eine solche Situation denken. Können Sie neben all den anderen Emotionen auch Ihr Mitleid fühlen? Erforschen Sie mit Ihrer ganzen Aufmerksamkeit, wie Mitleid sich anfühlt. Öffnen Sie Ihr Herz für Ihr Mitleid. Es ist Ihr eigenes Gefühl. Was braucht es von Ihrem Herzen? Verständnis? Achtung? Erbarmen?

Wenn Sie Ihre eigenen Gefühle bewusst gefühlt haben, können Sie sich vielleicht dem wahren Gefühl der betroffenen Person öffnen. Stellen Sie sich nicht vor, wie Sie sich in ihrer Situation fühlen würden, sondern denken Sie an die Situation und versuchen Sie ganz offen wahrzunehmen, wie die Person sich fühlt. Vielleicht merken Sie es. Sie fühlen es in Ihrem eigenen Innern, in Ihrem Herzen. Das ist Mitgefühl.

Wir fühlen ständig, doch unsere Aufmerksamkeit ist nicht darauf gerichtet. Durch eine simple Hinwendung unserer Aufmerksamkeit können wir wieder Menschen werden, die fühlen und mitfühlen. Alles wird einfacher und klarer, wenn wir fühlen. Bestehende Probleme und

Konflikte lösen sich leichter auf, man gerät nicht so leicht in ein neues Problem hinein, und wenn es doch geschehen ist, findet man viel schneller wieder heraus. Viel Stress entfällt, Krankheiten können vermieden werden oder sich leichter heilen lassen, Entscheidungen sind einfacher zu treffen, Konflikte leichter zu bewältigen … wenn wir fühlen. Aber es geht um weit mehr als das. Fühlen ist etwas Wunderbares. Anstatt von Gefühlen hin und her geworfen zu werden, von denen die einen festzuhalten und die anderen zu vermeiden wir versuchen, können wir lernen, zu *fühlen*, was auch immer gerade in und um uns vorgeht, und eine neue Welt betreten: das Wunderland des Fühlens.

Fühlen. Wie gut es tut, dieses Wort nur auszusprechen. Und wie gut es erst tut, zu fühlen!

Fühlen ist nicht dasselbe wie ein Gefühl erleiden. Selbst das schlimmste aller Gefühle, das gefürchtetste oder verhassteste, wird zur Befreiung, wenn wir es fühlen.

Vom Fühlen kommt man zum Mitfühlen, zum Verstehen, zum Wissen, letztlich zur Weisheit. Fühlen ersetzt nicht das rationale Verstehen, sondern stellt es auf eine wahrere und klarere Basis.

Was bedeutet fühlen?

Fühlen ist ganz etwas anderes als das, was wir landläufig darunter verstehen. Wirkliches Fühlen ist heilend und macht aus dem verworrenen und verwirrenden Puzzlespiel unseres Lebens etwas Einfaches, Ganzes. Es bringt uns aus unseren Überlegungen, die unablässig Vergangenheit und Zukunft heraufbeschwören und nach den Mustern unserer Hirngespinste verknüpfen, zurück in die Gegenwart, nach Hause, in den Augenblick.

Fühlen ist etwas Unmittelbares, etwas, das so nah, so direkt in unserem Kern, in unserem Herzen stattfindet, dass wir es übersehen, weil wir nicht gewohnt sind, unsere Aufmerksamkeit so dicht in unserer Mitte zu halten. Vielmehr lassen wir sie stets aus uns heraus leuchten, um sie auf etwas zu richten, das außerhalb unserer Mitte liegt. In unserer Mitte zu sein und die Aufmerksamkeit bei uns zu halten, macht uns Angst. Ist die Welt noch da, wenn ich sie nicht beachte? Was geschieht um mich herum, wenn ich bei mir bin statt bei dem, was um mich herum geschieht? Was geschieht hinter meinem Rücken?

Dies hat, wie schon zu Beginn erklärt, viel mit der Art zu tun, wie wir in der ersten Zeit unseres Lebens behandelt wurden. Wenn jemand nach seiner Geburt sofort sanft an die Mutterbrust gelegt wurde und stets und überall sicher und warm am Körper der Mutter herumgetragen wurde, auf wohlige Weise an allem teilhabend, ohne ständig im Zentrum der Aufmerksamkeit zu stehen, nach

Lust und Laune schlafend, dösend, träumend oder beobachtend, dann hat er oder sie mit Sicherheit die Fähigkeit erworben, in sich zu ruhen, zu vertrauen und am Leben teilzuhaben, ohne aus der Mitte zu fallen. Aber bei welchem von uns Zivilisationsmenschen war das schon der Fall? Wie viele von uns wurden direkt nach der Geburt erst einmal von der Mutter getrennt, um untersucht, gebadet, gewaschen, gewickelt und dann viel zu früh fern vom warmen schützenden Körper der Mutter in einem Bettchen, einer Wiege oder einem Kinderwagen zu liegen? Wie soll die Aufmerksamkeit wohlig in der Mitte ruhen, wenn sich die Quelle des Lebens, der Nahrung, des Schutzes und der Wärme außerhalb und allzu oft sogar außer Reichweite befindet?

Fühlen ist das übersehene, nicht bemerkte unmittelbare innere Erleben, das im Zentrum stattfindet, während unsere Aufmerksamkeit nach außen gerichtet ist, wo sich das befindet, worauf wir unser Begehren richten oder wovor wir Angst haben. Fühlen ist das, was in unserer Mitte geschieht, während wir mit unserer Aufmerksamkeit außerhalb sind, um etwas von der Welt um uns herum mitzubekommen. Das Interessante ist, dass wir von der Welt um uns herum tatsächlich mehr wahrnehmen, wenn wir mit der Aufmerksamkeit in unserer Mitte sind und *fühlen*. Fühlend sind wir unmittelbar in Kontakt mit ihr.

Wir haben das Fühlen nicht verlernt. Wir haben nur verlernt, es zu bemerken. Es findet ständig statt; wir müssen nur lernen, unsere Aufmerksamkeit darauf zu richten, denn wir sind allzu gründlich dazu erzogen worden, es zu ignorieren.

Schritt eins zum Fühlen: den Atem wahrnehmen

Spüren Sie Ihren Atem. Sie brauchen die Lektüre nicht zu unterbrechen, um Ihren Atem wahrzunehmen. Ihr Körper atmet, jetzt, wie er es immer tut, und Sie können diesen Atem spüren, während Sie weiterlesen. Es soll nicht kompliziert sein. Gemeint ist hier nicht, dass Sie beobachten, wo der Atem stattfindet, wie tief oder oberflächlich er ist oder dergleichen, sondern nur, dass Sie den Atem spüren.

Üben Sie, Ihren Atem zu spüren, so oft es Ihnen einfällt.

Stellen Sie sich darauf ein, dass es Ihnen oft einfällt.

Schreiben Sie Zettel, auf denen einfach »Atmen« steht. Als Erinnerung. Benutzen Sie andere Erinnerungshilfen: Bilder, Geräusche, die Uhrzeit (alle halbe Stunde; immer, wenn Sie von Ihrem Platz aufstehen; immer, wenn Sie eine Tätigkeit beginnen oder beenden; immer, wenn Sie jemandem begegnen; immer, wenn das Telefon klingelt oder die Glocken läuten). Wählen Sie eine dieser Erinnerungshilfen aus, nicht mehrere, sonst wird es kompliziert, und am Ende vergessen Sie es.

Tun Sie nichts mit Ihrem Atem. Verändern Sie ihn nicht. Untersuchen Sie ihn nicht. Konzentrieren Sie sich nicht auf ihn. Nehmen Sie ihn einfach wahr, sobald es Ihnen einfällt.

Nehmen Sie sich Zeit für diesen Schritt, vielleicht einige Tage. Er allein ist Gold wert und kann Ihr Leben verändern. Sie werden bald merken, dass Sie mehr bei sich sind, weniger leicht zu beeinflussen, umzuwerfen, zu stressen, dass Sie mehr auf Ihre innere Stimme achten, besser in Ihren eigenen Rhythmus kommen und vieles mehr.

Was ist »fühlen«? Der Versuch, es zu definieren, führt uns von der einfachen Wahrheit, die das Fühlen darstellt, fort in die Verwirrungen und Verirrungen des Denkens. Ich werde also lieber einiges von dem aufzählen, was es zu fühlen gibt: Gefühle, Emotionen – unsere eigenen und die anderer (das nennt man dann »mitfühlen«) –, Liebe (die keine Emotion ist), körperliche Empfindungen; die Beschaffenheit von Materialien, die wir berühren, ihre Weichheit, ihre Rauheit, ihre Temperatur, ihre Ausstrahlung; das Energiefeld, die Stimmung der Menschen, Tiere und Pflanzen, die uns begegnen; die Gegenwart anderer Wesen, seien sie nun physisch anwesend oder nur geistig; Blicke oder Gedanken, die auf uns gerichtet sind; die Ausstrahlung einer Farbe (Blinde können lernen, Farben und Materialien zu fühlen); den Luftdruck, die Luftfeuchtigkeit, die Temperatur, den Wind, den Regen, die Wärme der Sonnenstrahlen, das Wetter und die Kopfschmerzen oder rheumatischen Schmerzen, die dieses Wetter in unserem Körper auslöst. Wir können Ereignisse fühlen. Man sagt dann: »Ich habe das Gefühl, dass das und das passiert oder passieren wird« oder »Ich hatte gleich so ein Gefühl.« Wir können buchstäblich alles fühlen.

Fühlen ist immer unser erstes inneres Erleben, wenn wir mit etwas in Kontakt treten. Bevor unser Bewusstsein die Wahrnehmung registriert, einordnet und reagiert, fühlen wir. Am Anfang war das Gefühl.

Das erste Gefühl

Erinnern Sie sich an die erste Begegnung mit einem Menschen, der später eine Rolle in Ihrem Leben gespielt hat. Wissen Sie

noch, wie es war, als Sie diese Person zum ersten Mal wahrgenommen haben? Schließen Sie die Augen und vergegenwärtigen Sie sich die damalige Situation. Gehen Sie genau zu dem
Punkt zurück, an dem der oder die Betreffende zum ersten Mal
auf der Leinwand Ihrer Wahrnehmung auftauchte. Stopp. Welches Gefühl tauchte im allerersten Moment auf? Noch bevor Sie
die Person genauer in Augenschein genommen, ihre Stimme gehört, mit ihr gesprochen hatten. Vor alledem. Was fühlten Sie da?

An welche Begebenheit Sie auch denken, die in Ihrem
Leben eine Rolle spielt oder gespielt hat. Wenn Sie den
Film der Erinnerung bis zum Anfang zurücklaufen lassen,
werden Sie immer feststellen, dass es zu Beginn ein un-
mittelbares Gefühl gab, das von großer Aussagekraft für
Sie war – oder gewesen wäre, hätten Sie es bemerkt.
Nachträglich können wir es bemerken (»Ich hatte gleich
so ein Gefühl«), die Kunst aber ist, es »live« zu bemerken.

Bevor wir irgendetwas wahrnehmen, bevor wir irgendetwas von dem, was wir wahrnehmen, verstehen, interpretieren, einordnen, fühlen wir.

Am Anfang steht immer das Gefühl.

Beim Lebensmitteleinkauf

Unsere Nahrung besteht nicht nur aus materiellen Bestandtei-
len, sondern auch aus Energie. Die Untersuchungen des be-

kannten Forschers Dr. Alfred Popp haben ergeben, dass Lebensmittel Licht ausstrahlen – manche mehr, manche weniger. Je nachdem, wie frisch das betreffende Lebensmittel ist, wie gesund der Boden, aus dem es stammt, und ob und wie es verarbeitet wurde, strahlt es mehr oder weniger oder überhaupt keine Biophotonen aus.

Ich habe festgestellt, dass die Untersuchungsergebnisse dieses Wissenschaftlers mit meiner unmittelbaren Wahrnehmung übereinstimmen. Wenn ich vor einem Gemüseregal stehe, kann ich sehen, ob ein Gemüse Lebensenergie ausstrahlt oder nicht. Sie können das auch. Probieren Sie es. Betrachten Sie eine Obst- oder Gemüseauslage und stellen Sie sich darauf ein wahrzunehmen, welche Früchte und Gemüse lebendig auf Sie wirken und welche nicht. Lassen Sie sich nicht vom Aussehen täuschen. Mancher Apfel glänzt sehr schön, weil er gewachst wurde, und wenn Sie hineinbeißen, stellen Sie fest, dass er nach nichts schmeckt. Andere glänzen vielleicht nicht so schön, strahlen aber von innen heraus. Man fühlt es irgendwie. Es gibt einen Instinkt, der uns das verrät.

Üben Sie, diesen Instinkt wahrzunehmen. Gewöhnen Sie sich an, Ihre Wahl beim Verzehr bewusst nachzuprüfen. Wenn ein Apfel lebendige Kraft enthält, spüren Sie das beim Essen unmittelbar. Es ist, als ob sich die Zellen des Körpers gierig mit der frischen Energie vollsaugen. Ein »Lebensmittel« erzeugt sofort beim Verzehr ein lebendiges Gefühl, während ein Nahrungsmittel ohne frische Lebensenergie vergleichsweise stumpf wirkt. Es mag vielleicht aufgrund seiner Zubereitung mit Zucker, Gewürzen und Geschmacksstoffen gut schmecken, aber man hat nicht das Gefühl, Lebensenergie zu tanken, wenn man es isst.

Bewusst fühlen – ein evolutionärer Fortschritt

In unserem Kulturkreis haben wir das Fühlen verlernt und müssen es nun mehr oder weniger mühsam wieder erlernen, wenn wir bewusster, lebendiger, gesünder und mitfühlender werden wollen. Ich bin jedoch davon überzeugt, dass jeder Verlust, der uns im Zuge unserer Entwicklung widerfährt, an einen Gewinn gekoppelt ist und dass wir uns stets nach vorn auf mehr Bewusstheit zu bewegen und nicht davon weg, auch wenn es manchmal so aussieht. Wir haben die Fähigkeit zu fühlen eingebüßt und stattdessen Fähigkeiten entwickelt, die wir nicht nötig hätten, wenn wir noch fühlen könnten wie einst. Wir haben unseren Intellekt und unsere Kreativität entwickelt und mit der Kombination aus beiden unglaubliche Technologien erschaffen, die uns äußerlich auf nie da gewesene Weise miteinander und mit dem Rest des Weltalls verbinden.

Für einige von uns ist es nun an der Zeit, sich auf die verlorene Welt des Fühlens zurückzubesinnen, nicht um alles über Bord zu werfen, was wir als nicht fühlende, aber viel denkende Wesen gewonnen und erschaffen haben, sondern um dies zu bereichern, auszugleichen und zu vervollständigen.

Hinzu kommt, dass wir in der Zwischenzeit einiges an Bewusstheit hinzugewonnen haben. Früher waren wir ganz selbstverständlich in der Welt des Fühlens zu Hause, ohne uns darüber Gedanken zu machen. Heute können wir erleben, wie es ist, heimzukehren ins Herz, ins innere Erleben, ins Gefühl. Es ist, als habe man sich vor langer Zeit auf eine Reise begeben und kehre nun in die Heimat zurück, um staunend und dankbar neu zu entdecken, was man früher ganz unbewusst und selbstverständlich genoss.

Schritt zwei zum Fühlen:
sich auf den Atem konzentrieren
Dauer: 30 Sekunden bis mehrere Minuten,
je nach Lust und Laune

Schließen Sie für einen Moment die Augen. Konzentrieren Sie sich darauf, Ihren Atem wahrzunehmen. Wo in Ihrem Körper nehmen Sie Atem wahr? Im Bauch? In der Brust? Im Rücken? In der Nase? Sie werden merken, dass der Atem automatisch tiefer wird, wenn Sie Ihre Aufmerksamkeit auf diese Fragen lenken. Vielleicht spüren Sie den Durst Ihres Körpers nach frischer Luft, nach Sauerstoff, nach Energie in diesem tiefen Einatmen. Vielleicht die Sehnsucht nach Entspannung, nach Loslassen im Ausatmen. Tun Sie für eine Weile nichts als atmen. Konzentrieren Sie Ihre ganze Aufmerksamkeit darauf.

Können Sie auch spüren, dass der ganze Körper atmet? Dass es einen Atemprozess nicht nur in Brust, Bauch und Nase gibt, sondern in allen Zellen des Körpers? Der ganze Körper atmet, nicht nur Sauerstoff, sondern auch Licht und Energie. Konzentrieren Sie sich darauf, den Atem in Ihrem ganzen Körper zu spüren.

Wir wollen nicht zurückkehren zur Unschuld der individuellen und kollektiven Kindheit. So schön das auch wäre, es ist uns wohl verwehrt. Wir können Jean Liedloffs Buch *Auf der Suche nach dem verlorenen Glück*[2] studieren so viel wir wollen; wir können im Amazonasgebiet oder anderswo mit einem Naturvolk leben und versuchen, so zu werden wie sie; wir können unser inneres Kind wiederentdecken, Kinderlieder singen, hüpfen und tanzen, aber wir sind und bleiben neurotische Erwachsene, und je mehr wir das zu ändern versuchen, desto schlimmer wird es. (Allerdings können wir uns für das Großziehen unserer Kinder einige Scheibchen davon abschneiden. Davon später mehr.) Nein, lasst uns einen Schritt nach vorne tun und wieder fühlen lernen, ohne den Grad an Bewusstheit, Selbstbewusstheit und Unterscheidungsvermögen, den wir entwickelt haben, aufzugeben. Lasst uns *bewusst fühlende* und *mitfühlende* Wesen werden – auf der Suche nicht nach dem verlorenen Glück, sondern nach einem neuen Glück. Das verlorene Glück ist verloren, und was davon bleibt, ist bestenfalls Erinnerung, schlimmstenfalls Heimweh. Das neue Glück aber ist im Keim in uns enthalten wie ein inneres Morgenrot, und es strahlt auf, sobald wir bereit sind, unsere Dramen und Identifikationen über Bord zu werfen und stattdessen zu *fühlen*.

---

2 Höchst lesenswerter Bericht einer Forscherin, die bei einem Naturvolk im Amazonasgebiet gelebt und studiert hat, wie dort die Kinder großgezogen werden. Siehe Literaturverzeichnis, Seite 240.

Wir nehmen nicht wahr, wir interpretieren

Fühlen – ich sagte es bereits – ist unser inneres Erleben. Es ist unmittelbar und findet bei jedem Kontakt, jeder Begegnung, jeder inneren oder äußeren Veränderung statt, noch bevor unsere Interpretation einsetzt und mit ihr unsere gefühlsmäßigen Reaktionen. Diese sind immer eine Folge unserer Interpretation der Ereignisse, nie der Ereignisse selbst. Genau genommen nehmen wir nie wahr. Vielmehr interpretieren wir alles, was wir wahrnehmen, und halten diese Interpretation für die Realität. Wann sind wir in der Lage, etwas wahrzunehmen, ohne dass sich der Filter unserer Erinnerungen und Schlussfolgerungen vor unsere Augen schiebt? Die gesamte Welt, die wir wahrnehmen, ist eine Konstruktion.

Alltagsübung zur Annäherung an das Fühlen

Üben Sie, weniger auf das Sehen und Hören als auf das Riechen, Schmecken und Spüren (Tastsinn) zu achten. Diese Sinne sind nicht so sehr an das Denken gekoppelt und lenken Ihre Aufmerksamkeit in Richtung Fühlen. Vorschlag: Konzentrieren Sie sich an einem Tag ganz auf Gerüche und an einem anderen ganz auf Geschmäcker. (Man schmeckt nicht nur etwas, während man isst, auch in der übrigen Zeit hat man wechselnde Geschmäcker im Mund. Auch manche Gedanken und Stimmungen sind mit einem besonderen Geschmack verbunden.) Und schließlich konzentrieren Sie sich einen Tag lang auf taktile Empfindungen, zum Beispiel darauf, wie sich die Oberfläche eines Geländers anfühlt, der Telefonhörer, der Boden unter den Füßen, die Luft auf der Haut, die Hand eines anderen Menschen und so fort.

Bereits das, was wir für nackte Sinneswahrnehmung halten, ist in Wirklichkeit eine Interpretation. Wir teilen das, was wir wahrnehmen, in Fragmente auf, und benennen diese Fragmente entsprechend dem, was man uns beigebracht hat: »Das ist ein Baum. Das ist eine Ansammlung von Bäumen, die man Wald nennt. Das ist Sommerwetter. Das ist eine Landschaft. Das ist ein Dorf. Das ist die Dorfgemeinschaft.« All das hat nichts mit Wahrnehmung zu tun, sondern ist Interpretation gemäß der kollektiven Übereinkunft.

Eine Zeit lang schlief ich im Freien, auf dem Balkon meiner Wohnung, seltsamerweise so tief wie nirgendwo anders. Manchmal wachte ich nachts auf, öffnete die Augen und sah mich im Halbdunkel um. In diesen Momenten nahm ich meine Umgebung wahr, ohne sie zu interpretieren. Ich sah, konnte aber weder benennen noch einordnen, was ich sah. Da war die Balkonbrüstung neben mir, dahinter ein Baum und darüber der Mond, aber ich wusste nicht, dass es eine Balkonbrüstung, ein Baum und der Mond waren. Ich sah einfach, ohne zu verstehen und zu benennen. Mein Verstand schlief. Das ist reine Wahrnehmung, ohne Interpretation.

Zu diesen selbstverständlichen Interpretationen nach kollektiver Übereinkunft[3] kommen unsere persönlichen Wertungen: »Dieser Mensch ist unsympathisch. Das ist ein netter Mensch. Das ist schönes Wetter, das ist schlechtes Wetter. Ich fühle mich gut (das heißt: glücklich, erfüllt, zufrieden, gesund, fit, geliebt, akzeptiert oder was immer) oder nicht gut (das heißt: schwach, krank, abgelehnt, unglücklich etc.).«

Die Interpretationen bemerken

Achten Sie darauf, wie Sie Ihre Wahrnehmungen ständig interpretieren. Versuchen Sie nicht, es abzuschaffen oder zu ändern; bemerken Sie es nur.

Am besten können Sie dies üben, wenn Sie sich an neuen, unbekannten Orten aufhalten und beobachten, wie Sie auf Situationen und Personen reagieren. Jeder dieser Reaktionen liegt eine Interpretation zugrunde. Wie interpretieren Sie die Situation?

Es genügt, die Interpretation als solche zu bemerken. Alles Weitere ist bereits zu viel. Sobald Sie merken, dass Sie interpretieren, sind Sie bereits aufgewacht und verwechseln Ihre Gedanken nicht mehr mit der Realität.

---

3 Diese Interpretationen sind übrigens keineswegs so selbstverständlich, wie wir annehmen. Man studiere nur einmal die Sprache eines fremden, völlig andersartigen Volkes. Dabei wird man feststellen, dass diese Menschen viele Dinge völlig anders interpretieren und benennen als wir!

Zu diesen elementaren Interpretationen gesellen sich unsere unbewussten Vergleiche gegenwärtiger Situationen und Personen mit Situationen und Personen aus der Vergangenheit. Der Film der Vergangenheit schiebt sich über die Gegenwart, und mit ihm schiebt sich die Denkweise der Vergangenheit über unsere gegenwärtige. Plötzlich interpretieren wir eine Situation so, wie wir eine ähnliche Situation als fünfjähriges oder dreijähriges Kind interpretiert hätten. Entsprechende Emotionen tauchen auf, auf die wir wieder mit Gedanken reagieren, und diese Gedanken erzeugen neue Emotionen. Zum Beispiel taucht die Erinnerung an den Schmerz des Verlusts in uns auf, wenn wir feststellen, dass unser Partner andere Frauen beziehungsweise andere Männer anschaut. Auf diesen Schmerz reagieren wir mit Angst. Wir haben Angst, verlassen zu werden. Dann denken wir vielleicht: »So ein dummes Gefühl« und reagieren mit Ärger auf unsere Angst. Vielleicht denken wir dann noch: »Ich sollte nicht ärgerlich sein«, und so leben wir ständig statt in der Realität in der Welt unserer Gedanken und Gefühle, die sich endlos fortsetzen und eine Parallelwelt konstruieren, die mit der realen Welt und der Welt unserer Mitmenschen – die ihrerseits in ihren Parallelwelten leben – nichts zu tun hat. Das ist »Maya«, unsere ganz persönliche Illusion.

Alltagsübung: Stopp, wahrnehmen!

Stellen Sie sich darauf ein zu bemerken, wenn Sie über etwas nachdenken. Unterbrechen Sie den Fluss Ihrer Gedanken, indem Sie zu sich sagen: »Stopp, wahrnehmen!« Nehmen Sie bewusst wahr, was Sie denken oder welches Gefühl Ihre Gedanken gerade ausdrücken.

Fühlen befreit uns aus dieser Illusion, und zwar auf einen Schlag. Sofort. Nicht ein- für allemal, aber für den Moment des *Fühlens*. Wenn wir an irgendeiner beliebigen Stelle des inneren Dramas, des inneren Konflikts oder der inneren Komödie aufwachen und sagen: »Stopp, fühlen«, kommen wir aus dem inneren Film in die Realität.

Die Stopp-Übung für zwei
Dauer (optimal): zehn Minuten pro Person

Für diese Übung brauchen Sie einen Übungspartner, mit dem Sie möglichst keine emotionale Beziehung haben, dem Sie aber vertrauen, am besten einen Freund oder eine Freundin. Erzählen Sie Ihrem Partner oder Ihrer Partnerin von einer Angelegenheit, die Sie derzeit beschäftigt, und bitten Sie ihn oder sie, immer »stopp« zu sagen, wenn er/sie den Eindruck hat, dass Sie ein

Gefühl ausdrücken. Bei jedem Stopp halten Sie einen Moment inne und konzentrieren sich darauf, wie das, was Sie gerade ausgedrückt haben, sich anfühlt. Diskutieren Sie nicht über Sinn oder Unsinn des jeweiligen Stopps. Spüren Sie einfach still Ihren Worten nach und reden Sie dann weiter bis zum nächsten Stopp. Wechseln Sie anschließend die Rollen.

Mein Tipp für den Abschluss der Übung: Ersparen Sie einander Kommentare über den Inhalt der Mitteilungen. Unterhalten Sie sich über den Effekt und die Technik der Übung, wenn Sie dies wünschen, aber möglichst nicht über Inhalte.

Fühlen beginnt mit dem Atem. Wenn wir unsere Aufmerksamkeit von der Außenwelt und den Gedanken an die Außenwelt ab- und uns selbst zuwenden, bemerken wir als Erstes unseren Atem. Das allein ist eine Wohltat: den Atem zu spüren. Nicht nur zu bemerken, dass wir atmen – oder geatmet werden –, sondern den Atem zu *fühlen*, sich tief mit dem Atem zu verbinden, mit dem Atem die Aufmerksamkeit in den Körper zu lenken und sich im Körper zu fühlen. Nun verschmilzt die Aufmerksamkeit mit dem Atem und durchdringt den Körper. Das ist der Moment, in dem wir beginnen zu *fühlen*.

Schritt drei zum Fühlen: den Atem erleben

Nachdem Sie sich auf Ihren Atem konzentriert und ihn erforscht haben, verlagern Sie das Zentrum, von dem aus Sie wahrnehmen, aus dem Kopf (wo es wahrscheinlich bei Ihnen wie bei jedem zivilisierten Menschen angesiedelt ist) in den Körper, in die Bereiche, in denen Sie Atem wahrnehmen. Hören Sie auf, den Atem zu beobachten, und beginnen Sie, ihn zu spüren. Seien Sie dort, wo Atem ist, und erleben Sie ihn.

Wer mich beneidet, fühlt für mich

Es ist Anfang Mai. Nach einem langen verschneiten Winter sind dies die ersten warmen Sonnentage, denen man zu trauen sich traut. Ich sitze auf einer überdachten Terrasse vor unserem alten Holzhaus und schaue über grüne – endlich nicht mehr weiß-graue, sondern leuchtend grüne! – Wiesen auf die Berge. Aus dem nahen Wald ertönt leises Vogelzwitschern. Ab und zu ruft ein Kuckuck – ist das wirklich ein Kuckuck? –, die Sonne scheint, ein leiser kühler Wind streicht mir übers Gesicht. Die Welt ist wunderschön. Ich möchte eine Freundin anrufen und ihr all das erzählen. Ich schäme mich zugeben zu müssen, was ich mir davon verspreche: dass sie mich beneidet. Warum wünsche ich mir so was? Ich liebe meine Freundinnen von Herzen und wünsche ihnen doch kein so unangenehmes Gefühl wie Neid!

Ich weiß, warum ich es ihnen erzählen will. Warum sie mich beneiden sollen. Damit wenigstens irgendjemand fühlt, was ich nicht fühle. Damit sie stellvertretend für mich das Glück fühlen, das ich hier erlebe, ohne es wirklich zu fühlen. Und da sie es dann vielleicht fühlen würden, es jedoch nicht ihr eigenes wäre, stelle ich mir vor, dass sie neidisch wären. Aber nicht ihren Neid wünsche ich mir, sondern dass sie es fühlen. Denn ich fühle es nicht. Ich sitze hier und schaue auf all das und *finde* es wunderbar – ich meine, etwas Schöneres gibt es doch wohl kaum, Mai und Wiesen und Berge und Vogelzwitschern und Sonne und kühler Wind und all das –, aber ich fühle mich gar nicht wunderbar. Weil ich mich überhaupt nicht fühle.

Kaum ist mir das aufgefallen, beginnt meine Aufmerksamkeit sich auf mich zu richten, auf meinen Körper, meinen Atem. Wie erleichternd das ist. Bei mir sein. Meinen Atem zu spüren. Nun beginne ich langsam zu *fühlen*. Ich fühle die Müdigkeit in meinen Schultern, die Schwere, die auf mir lastet, das Gefühl von Niedergedrücktsein und verweile dabei. Wie gut es tut, es zu bemerken. Und es zuzulassen. Und ihm meine ganze Aufmerksamkeit zu schenken. Dann entdecke ich, dass meine Augen sich anfühlen, als seien sie nur halb geöffnet, und spüre, dass in meinen Augen und meinen Wangen und meinen Mundwinkeln so etwas wie Trauer klebt. Mit welcher Traurigkeit ich die Welt anschaue! Es ist, als ob nicht ich auf die sonnige Maiwelt da draußen schaue, sondern diese Traurigkeit schaut durch meine Augen und kann all das Schöne nicht schön, sondern nur traurig finden. Als ich das bemerke, kehre ich meine Aufmerksamkeit um. Statt traurig auf die Außenwelt zu schauen, blicke ich auf meine Traurigkeit. Und seltsam, auf einmal bin ich wieder da. Vorher war ich nicht da – da war Traurigkeit, und da waren Gedanken. Nun bin ich da und fühle mich. Fühle, wie mein Atem die Traurigkeit erfasst und erspürt und durchdringt, bis ich nicht mehr traurig bin, sondern Traurigkeit *fühle*. Warum bin ich denn so traurig, frage ich mich. *Weil ich kein Zuhause mehr habe*, sagt eine leise traurige Stimme. Da verstehe ich. Seit unserem Umzug fühle ich mich heimatlos. Obwohl ich hier das wunderbarste neue Zuhause habe, das man sich denken kann, ist ein Teil von mir traurig, weil ich mein altes Zuhause verloren habe. Mein Herz öffnet sich der Traurigkeit in Verständnis und Mitgefühl, und dann entdecke ich, dass ich unbewusst gedacht habe, dass ich heimatlos *bin*, dass aber Heimatlosigkeit in Wirklichkeit ein *Gefühl* ist und keine Tatsache. Nun kann ich Heimatlosigkeit *fühlen*, anstatt heimatlos zu *sein*. Es ist ein herumirrendes, haltloses Gefühl, und es endlich zu *fühlen*, anstatt es zu sein, gibt mir Heimat und Halt – den Halt und die Heimat in mir selbst, die ich verloren hatte, damals, am Anfang meines Lebens, als ich wieder und wieder von einem Ort und einer Bezugsperson zu einem anderen Ort und anderen Bezugspersonen transportiert worden war.

Wenn ich nun auf die grünen Wiesen, die blauen Berge und den zartblauen Wölkchenhimmel schaue, nehme ich neben der Traurigkeit und der Heimatlosigkeit auch ein Gefühl von Neugier und Offenheit wahr. Und ich erkenne, dass das ganze Glück, das ich vorher so gern mit meinen Freundinnen teilen wollte, ein falsches, ein herbeigeredetes Glück war, herbeigeredet deshalb, weil ich in Wirklichkeit unendlich traurig war und das nicht wahrhaben wollte.

Wie klar ich mich nun fühle, weder traurig noch freudig, weder heimatlos noch von dem Gedanken besessen, hier Heimat gefunden zu haben – einfach nur da seiend. Und hungrig. Auf in die Küche, den Eisschrank inspiziert, die Messer geschärft und den Herd angeworfen.

Warum wir nicht fühlen,
sondern nur denken, dass wir fühlen

»Ist es nicht wunderbar? Ich fühle mich so wohl hier.« Ich sitze auf dem Bett im Zimmer einer kleinen Pension in Griechenland, vor mir die weit offene Terrassentür mit Blick auf die nahen grünen Berge und einen Aprikosenbaum mit fast reifen Früchten, dessen Zweige über die Terrassenbrüstung zu uns hereinwachsen. Zur Rechten schaue ich durch ein Fenster aufs Meer. Unmengen von Vögeln zwitschern rundum, Schwalben umrunden in elegantem Gleitflug die Terrasse, über der sie ihr Nest gebaut haben, und der Wind rauscht sanft in den Blättern des Aprikosenbaums. Ja, all das ist wunderschön, und wir hören nicht auf, einander zu versichern, wie schön es hier ist. Wir äußern unsere Begeisterung, aber wir fühlen sie nicht. Würden wir tatsächlich fühlen, wir würden weniger reden. Es ist fast, als wollten wir das Fühlen durch das Reden ersetzen, als wollten wir die Begeisterung durch die vielen Worte in uns lebendig machen.

Ich sehe all diese Schönheit, aber was fühle ich, während ich sie beschreibe?

Müdigkeit, eine leichte Verkrampfung; die Sehnsucht, mich endlich entspannen und das alles genießen zu können. Aber fühle ich das wirklich, oder weiß ich nur, dass diese Gefühle vorhanden sind?

Fühlen fängt mit dem Atem an. Ich tue einen tiefen Atemzug. Es ist, als brächte mich der Atem in meinen

Körper hinein, zu mir, und nun beginne ich tatsächlich zu fühlen. Ich fühle, wie die hellen, scharfen, hohen Vogelstimmen in meinem Kopf eine kleine, spitze Bewegung verursachen. Es ist, als hackten sie ganz leicht in die Aura meines Kopfes hinein. Sie machen kleine Löcher, in denen durch das Zwitschern eine winzige Wirbelbewegung entsteht, eine Art Musik, die ein Lächeln auf meinen Mund zaubert und mich aus meinen Gedanken aufweckt. Ich fühle den Frieden meiner Umgebung, der langsam beginnt, mein Gemüt zu erreichen und es zu besänftigen. Ich fühle einen Seufzer in mir, eine ein ganz klein wenig schmerzliche Sehnsucht, zu sein, zu bleiben, mich fallen zu lassen, Teil dieses Friedens und dieser Schönheit zu sein. Ich fühle ein Lächeln, Frieden, Sanftheit und Müdigkeit. Mit meinem Atem fühle ich mich und meine Umgebung zugleich. Es ist, als verbände mich der Atem mit meiner Umwelt, trüge ihr Leben in mich hinein und meines in sie hinaus, was ja auch tatsächlich der Fall ist.

Fühlen. Ja, jetzt fühle ich mich und könnte sagen: Ich fühle mich wohl hier. »Es ist wunderbar hier« ist nicht mehr nur ein Gedanke, sondern die Beschreibung einer inneren Realität, eines Gefühls.

»Ich bin so sauer auf dich, dass ich am liebsten kein Wort mehr mit dir reden würde. Dieses Verhalten kann ich weder vertragen noch akzeptieren. Es ist unerträglich. Wenn du das noch einmal machst …« Kennen Sie das? Diese Gedanken ließen sich endlos fortsetzen. Mit jedem von ihnen drücke ich ein Gefühl aus. Wenn Sie mir in einem solchen Moment sagen würden, dass ich in Wirklichkeit gar nichts fühle, würden Sie riskieren, die Ladung Wut abzubekommen, mit der ich angefüllt bin. Und dennoch hätten Sie recht. Denn anstatt bei mir zu sein und die Wut und die Empörung in meinem Innern zu fühlen, bin ich außer mir und denke über den Menschen nach, über den ich mich aufrege. Und je mehr ich nachdenke, mich aufrege und mir vorstelle, was ich ihm alles sagen oder antun könnte, desto mehr wächst die Wut in meinem Innern und desto weniger fühle ich sie.

Wenn ich nun auf *fühlen* umschalte, bemerke ich die Spannung, die mich die Kiefer zusammenbeißen lässt, und all die Kraft, die in dieser Anspannung zusammengeballt ist, wird zu einer Energie, die ich im Zustand größter Bewusstheit und Lebendigkeit erlebe. Diese Energie zu spüren, wird zu einer Art Ekstase; ich lasse mich von ihr auf den Gipfel meiner Kraft und Lebendigkeit tragen, ähnlich wie ein Surfer von einer Welle. Im Hintergrund dieser fast unerträglichen Anspannung fühle ich meinen Schmerz (den Kern dessen, worüber ich mich so aufrege). Das bewusste Erleben dieser Kombination aus Anspannung und Schmerz öffnet mein Herz und versetzt mich in einen Zustand von Mitgefühl, von Erbarmen mit mir selbst.

So fühle ich nun meine Wut, meine Anspannung, meinen Schmerz, ohne in ihnen unterzugehen, mit ganzem Atem, ganzem Körper und ganzem Bewusstsein, und wenn ich nun der Person gegenübertrete, über die ich mich zuvor aufgeregt habe, dann mit offenem Herzen, fühlend, was ich fühle, und bereit zu fühlen, was sie fühlt.

Fühlen bedeutet Lebendigkeit. Wer fühlt, lässt zu, berührt, ergriffen, verwandelt zu werden, statt sich abzuschotten gegen das Leben, seine Mitmenschen und seinen Schmerz.

Wie oft haben Sie einem Menschen gesagt, dass Sie ihn lieben? Wenn Sie das nächste Mal den Impuls verspüren, es zu sagen, halten Sie einen Moment inne und *fühlen* Sie die Liebe, die Sie ausdrücken möchten. (Wenn es denn Liebe ist und nicht Begehren, Bewunderung oder Angst). Sagen Sie nichts. Spüren Sie Ihren Atem und *fühlen* Sie. Möglicherweise werden Sie feststellen, dass das bewusste Fühlen dieser Liebe, die Ihr Herz wärmt und weitet, Sie mehr mit Ihrem Geliebten verbindet, als Worte es können. Wenn Sie nun »Ich liebe dich« sagen, kommen die Worte aus Ihrem Herzen und sind ein echter Ausdruck eines Gefühls. Das macht einen großen Unterschied für Sie und für den Menschen, den Sie ansprechen. Ein solcher Ausdruck eines gefühlten Gefühls berührt und erfüllt, während der Ausdruck eines nicht gefühlten Gefühls beide leer zurücklässt. Aus dem Eindruck dieser Leere heraus wiederholt man den Satz vielleicht öfter oder besteht auf einer Antwort, in der Hoffnung, dass durch die Wiederholung oder die Antwort etwas zustande kommt, was das Herz befriedigt.

Emotionen fühlen

Angst

Eine unbestimmte Angst bemächtigt sich meiner. Etwas Düsteres ist im Anmarsch. Bevor ich dem Impuls nachgebe, mich mit einer lauten fröhlichen Musik abzulenken, komme ich auf die Idee, mich der Angst zuzuwenden und sie zu fühlen.

Es ist ein feines Zittern im ganzen Körper.

Ich bebe und zittere wie Espenlaub.

Ich frage mich, wovor ich denn solche Angst habe.

Dass etwas Schreckliches passiert, sagt die Stimme der Angst.

Eine alte Erinnerung taucht auf. Oh ja, ich verstehe, was es ausgelöst hat und wovor ich Angst habe.

Ich habe Angst.

Ich richte meine Aufmerksamkeit auf die Angst.

Ich fühle meinen Atem und das feine Beben in meinem Körper, meinem Energiefeld.

Als ich ganz bei der Angst angekommen, ganz mit ihr bin, bemerke ich Erleichterung. Offenbar ist das genau, was die Angst von mir braucht: dass ich bei ihr bin und sie fühle.

Nun weiß ich, dass mir nichts geschehen kann, denn ich bin bei mir, bei meiner Angst. Ich fühle sie, lasse sie nicht im Stich.

Traurigkeit

Ich bin traurig. Ich denke traurige Gedanken. Ich richte meine Aufmerksamkeit statt auf die traurigen Gedanken auf die Traurigkeit selbst. Ich fühle die Traurigkeit in meinen Augen, die sich mit dem Blick eines verlorenen Kindes auf die Umwelt richten. Ich spüre sie unter meinen Augen – sind dort nicht die Nebenhöhlen? Interessant – wie etwas Schweres, Dunkles. Meine Mundwinkel ziehen sich nach unten. Meine Schultern hängen. Mein Atem geht schwer.

Atmend fühle ich all diese Schwere, ganz aufmerksam, noch aufmerksamer, bis ich nicht mehr traurig bin, sondern Traurigkeit *fühle* und mein Herz sich ihr in Erbarmen öffnet.

Wut

Wut, Wut, Wut! Ich könnte schäumen vor Wut, rasen vor Wut. Ich weiß nicht, wohin mit meiner Wut. Bis es mir einfällt, die Wut wahrzunehmen, statt wütend zu sein. Nicht so einfach … lieber würde ich auf etwas einschlagen oder schreien.

Ach ja, bewusst atmen. Mein Atem geht … irgendwie schnaubend. Meine Zähne sind aufeinander gepresst. Besonders die hinteren, die Mahlzähne. Schnaubend, nehme ich all die geballte Energie in meinem Kiefer wahr. Zermahlen wollen, ganz fest zubeißen. Ich spüre die Anspannung in meinen Armen, in meinen Fäusten. Auf den Tisch hauen wollen, zuschlagen, so fühlt es sich an. Mein Rücken und meine Schultern sind fest, als hätte ich Muskeln wie Schwarzenegger. Meine Füße bohren sich in den Boden. Meine Oberschenkel sind angespannt. Meine Beine wollen treten – oder aufstampfen?

Atmen, atmen, all die Anspannung fühlen … Ein Gefühl wie zum Platzen, kurz vor der Explosion. Die Wut in all der Anspannung fühlen … ganz aufmerksam wahrnehmen.

Ich frage mich, was diese Wut von meinem Herzen braucht. Anerkennung, sagt sie. Achtung und vor allem: gefühlt werden. Gefühlt werden. Das ist es. Das tut gut. Die Wut wirklich *fühlen* statt nur wütend zu sein. Das befreit, erleichtert, gibt Kraft. Vorher war ich außer mir vor Wut, jetzt bin ich bei mir. Seltsam, der Wunsch, die Wut auszudrücken, ist gar nicht mehr so groß. Viel mehr interessiert mich, worüber ich eigentlich so wütend bin; was mir so weh tut, dass ich außer mich geriet: mein Schmerz.

Schmerz

Gedemütigt, kleingemacht. Das war das Gefühl, das in mir ausgelöst wurde … Demütigung. Nicht so leicht zu fühlen, solange ich es für eine Tatsache halte. Ich mache mir klar, dass es jetzt nicht um Tatsachen geht, sondern darum, das Gefühl anzuschauen, den Schmerz.

Oh ja. Ich fühle mich klein, irgendwie niedergemacht. Ein Schmerz, den ich nicht so sehr körperlich wahrnehme, mehr im Herzen, im Kern meiner selbst.

Schwer zu ertragen, er entwischt mir immer wieder. Ich lade ihn wieder ein.

Fühlt sich an, als hätte ich einen Schlag ins Herz bekommen.

Je deutlicher ich den Schmerz wahrnehme, desto klarer wird mir, dass es mein Gefühl ist und keine Tatsache.

Nichts weiter braucht dieser Schmerz als dies: gefühlt und nicht für eine Tatsache gehalten zu werden.

Als mir das gelungen ist, fühle ich mich befreit, kann der Situation aufrecht ins Gesicht sehen, meinen Schmerz fühlen und zu ihm stehen. Es ist mein Gefühl. Mein Schmerz. Er hat nichts mit den Tatsachen und nichts mit den anderen Menschen zu tun.

Freude

Ich freue mich. Kann ich die Freude auch fühlen? Sie tanzt in meinem Körper, alles befindet sich in einer stillen inneren Bewegung, meine Mundwinkel gehen nach oben, meine Augen strahlen, mein Körper richtet sich auf, das Herz weitet sich. Freude! Ein tanzendes, vibrierendes Gefühl.

Fühlen erspart mir ein Drama

Mein Liebster macht ein grimmiges Gesicht. Zwar scheint die Sonne, und er arbeitet im Garten, was er sehr gerne tut, aber seine Stirn ist gerunzelt, und er scheint ein wenig unwillig auf alles zu reagieren. Normalerweise würde nun folgende Kettenreaktion in mir ablaufen: »Was er nur hat? Bestimmt habe ich ihn irgendwie geärgert, und anstatt es mir zu sagen, brütet er vor sich hin …« An diesem Punkt würde sich mein typisches Schuldgefühl einschleichen, und weil ich mich gar nicht gerne schuldig fühle, würde ich mich dagegen wehren, indem ich nun auf ihn ärgerlich werden würde und meinerseits ein wenig schroff wäre. Und so würde ich mir den schönen Tag verderben und ihm möglicherweise auch noch, und so könnte es weitergehen bis ans Ende unserer Tage. Heute aber bin ich wach, und bevor das übliche innere Theater losgeht, *fühle* ich. Ich fühle Unsicherheit. Ich nehme wahr, dass ich mich frage, ob er sich über mich ärgert oder aus einem anderen Grund verstimmt ist, und dass diese Frage Unsicherheit auslöst. Ich fühle meine Unsicherheit, etwas, das mich weniger fest und sicher auftreten lässt und das in der Herzgegend ein wenig bebt. Ich erforsche dieses Gefühl ein wenig, richte mich darin ein, um es gründlich kennenzulernen. Unsicherheit. So fühlt sich das an. Und je mehr ich in meiner Unsicherheit ankomme, desto weniger hat die grimmige Miene meines Freundes mit mir zu tun. Am Ende ist mir klar, dass es sich dabei um seine, nicht um meine Angelegenheit handelt, und das Interesse, das ich nun noch daran habe, ist eher ein freundliches, mitfühlendes Interesse, das von Herzen kommt, als ein selbstsüchtiges, das nur feststellen will, ob ich mich verteidigen muss oder nicht!

Nun kommt er aus dem Wald mit einer Schubkarre und strahlt mich zufrieden an, und der ganze Ärger war offenbar nur meine Einbildung.

Fühlen bringt mich nach Hause

Immer noch ist Mai, immer noch ist das Wetter lieblich, der Himmel zartblau, von leisen Wölkchen und weißen Nebelstreifen durchzogen, die kleinen Büsche am Rand meines Gartens zeigen die ersten grünen und roten Blättchen, und Löwenzahn und Narzissen lassen in der Mittagshitze den Kopf hängen. Sie werden wohl bald den Pfingstrosen weichen, deren dicke runde Knospen jeden Moment aufspringen. Endlich keine Socken mehr an den Füßen, endlich barfuß über die Wiese laufen, hurra, ich komme wieder raus und lebe. Die neue sommerliche Freiheit und das frische Leben wollen sich in mir breitmachen, aber was ich fühle, ist große Müdigkeit (die berühmte Frühjahrsmüdigkeit?). So kehre ich den Gedanken über Sommerglück und frisches Grün den Rücken und mache mich daran, meine Müdigkeit zu *fühlen*. Etwas in mir ist heilfroh, dass ich aufhöre, den exaltierten Frühlingsglück-Gedanken nachzuhängen, und mich endlich meinem wahren Gefühl zuwende, der Müdigkeit. Vorher war die Müdigkeit da, und ich habe sie in den Hintergrund meiner Aktivitäten und Gedanken gedrängt; nun lasse ich Aktivitäten und Gedanken sausen und widme mich der Müdigkeit. Und auf einmal ist das Gefühl von Mühe und Anstrengung verschwunden, Frieden kehrt ein, und etwas in mir atmet auf. Ich darf fühlen, was ich fühle. Es ist, als ob der Teil in meinem Innern, der schlafen will, aber dauernd wach sein muss, nun endlich die Augen schließen und sich seligem Schlummer hingeben dürfe. Nun bin ich bei mir angekommen, fühle mich atmen, bin eins mit meinem wahren Gefühl, der Müdigkeit. Mein Körper fühlt sich entspannt an, ich ruhe in mir. Mit meiner Müdigkeit im Herzen fühle ich mich wie eine Mutter, die ihr schlafendes Baby in den Armen trägt, und schaue gelassen und zufrieden auf das leuchtende Grün, die blauweißen Berge und den sanftblauen Himmel. Keine exaltierten Gedanken mehr, nur noch Atem und Fühlen und Frieden.

Ich bin zu Hause.

Willkommen im Wunderland des Fühlens

Willkommen im Wunderland des Fühlens. Das könnte man jedem Kind sagen, das in diese Welt geboren wird. Mensch zu werden bedeutet, ein fühlendes Wesen zu werden, ein Wesen mit einem Herzen, das fühlen und mitfühlen kann. Außer mit unserem Herzen können wir auch mit unserem Körper fühlen. Wir können mit unserem Energiefeld fühlen und mit subtileren Ebenen unserer selbst ... in gewisser Weise sogar mit unserem Geist, insofern es sich um Intuition handelt, die ja auch zuallererst ein »Gefühl« ist.

Und was es alles zu fühlen gibt in dieser Welt!

Das Leben und die stille Präsenz der Bäume, der Pflanzen, der Tiere; den Wind, die Sonnenstrahlen, Feuchtigkeit, trockene Luft, Kälte, Hitze, Wärme. Wir können Anspannung fühlen oder wohlige Entspannung, Zufriedenheit, Freude, Liebe, Glück und Trauer, Angst und Zorn und all die vielen Spielarten von Angst und Zorn ... Eifersucht und Neid, Wut und Ärger und Hass und Rachsucht und wie sie alle heißen. Wir können Lebendigkeit spüren und Schmerz, Verbundenheit und Mitgefühl, Achtung und Ehrerbietung, Ehrfurcht, Verzückung, Begeisterung, von Vergnügen bis Überwältigung, Verherrlichung und Ekstase. Wir können Gleichmut und Gleichgültigkeit fühlen, Stärke und Schwäche, einen wohligen Schauer und eine Gänsehaut, ein Zittern und Beben, Schüttelfrost oder Hitzewallungen, Hunger, Durst und

Sättigung, den tiefen Reiz des eingesogenen Zigarettenrauchs und den anregenden Kick des Kaffees, Lust und Verliebtheit und tiefe Liebe, Abscheu und Abneigung und Ekel, feuchtes Gras, weichen Lehmboden und warmen Sand unter den Füßen, warmen Sommerwind, der die Haut berührt. Wir können Ereignisse und Menschen herannahen fühlen. Wir können die Liebe fühlen, die andere für uns hegen, können fühlen, wie sie leiden oder sich freuen. Wir können das warme Leben eines Kätzchens fühlen, die vertrauensvolle Freude eines jungen Hundes … unseren Atem, unseren Pulsschlag, die Schwerkraft der Erde als unser Gewicht, unsere Verlegenheit, unsere Scham, unseren Stolz, unsere Dankbarkeit …

Wenn ich tief hineinfühle in die verspannten Muskeln meines Nackens, durch die Muskeln und Sehnen und Knochen hindurch, kann ich meine Verletztheit darin spüren und meine Angst vor neuerlichen Verletzungen. Ich ziehe meinen Atem ganz tief ein, durch dieses arme verspannte Fleisch hindurch bis zu dem, was im Innern vor Schmerz und Angst weint, und plötzlich habe ich Erbarmen und Verständnis mit mir, und die Anspannung lässt ein wenig nach, das Mitgefühl aber, das schöne Gefühl in meinem Herzen bleibt.

Wie gut es tut, sich zu fühlen. Wie tief mein Atem geworden ist, wie durstig sich mein Körper mit frischer Luft füllt, mit frischer Energie. Welch eine Wohltat, eins zu sein. Mein Körper und mein Atem und mein Bewusstsein und ich, wie friedvoll wir auf einmal ineinander ruhen.

Nicht: Ich denke, also bin ich, sondern: Ich fühle, dass ich bin.

Die Kraft der Worte fühlen

Worte enthalten nicht nur eine Information, die man mit dem Verstand erfassen kann, sie sind direkte Information vermittels ihrer Schwingung. Sie wirken, ob wir sie verstehen oder nicht, ob wir sie bewusst hören oder nicht. Sie wirken sogar auf Wasser, wie der japanische Wasserforscher Masaru Emoto mit seinen Wasserkristall-Fotografien gezeigt hat. Die Information, die ein Wort vermittelt, kann man auch direkt fühlen.

Sie können dies üben, indem Sie ein Wort laut aussprechen und ihm nachspüren; oder indem Sie ein Wort denken und diesen Gedanken mit dem Atem verbinden. Wie fühlt es sich an, »Leben« oder »Freude« zu denken?

Wählen Sie ein Wort, das sich für Sie gut anfühlt, und wiederholen Sie es einige Male, indem Sie es beim Einatmen und/oder beim Ausatmen denken: Leben, Freude, Energie, Heil, Frieden, Kraft, Energie, Würde, Liebe, Gott, Jesus, Christus, Maria, Krishna, Buddha. Wählen Sie den Begriff oder Namen, der sich wohltuend, erhebend, kraftspendend, inspirierend oder heilend anfühlt, je nachdem, was Sie im Augenblick brauchen.

In allen spirituellen Traditionen der Welt gibt es Worte von besonderer Kraft, heilige Worte, Mantras, die gesprochen oder gesungen werden: das Rosenkranzgebet im Christentum, »Ave Maria« (Gegrüßet seist du, Maria), »Kyrie eleison« (Herr, erbarme dich) oder »Amen«. Das Kernmantra der buddhistischen und hinduistischen Religion ist der Urlaut »Om«. Ein berühmtes buddhistisches Mantra ist »Om mani padme hum« (das Juwel im Herzen des Lotos). Hinduistische Mantras sind »Om nama Shivaya« (eine Anrufung von Gott als Shiva) oder »Om shanti« (shanti bedeutet Frieden). Ein islamisches Mantra ist »Allah ho akbar« (Gott ist groß), ein jüdisches »Baruch atta adonai elohenu, melech ha'olam (Gepriesen seist du, Ewiger, Gott, König der Welt) oder »shalom« (Friede).

Statt Worte in Ihrer eigenen Sprache zu benutzen, können Sie natürlich auch ein Wort aus einer fremden Sprache wählen. Die obigen Beispiele stammen aus meist sehr alten Sprachen, in denen Schwingung und Bedeutung noch eins sind oder sehr nah beieinander liegen. Ein Mantra in einer fremden Sprache hat überdies den Vorteil, dass Sie nichts aus Ihrer persönlichen Geschichte damit verbinden. Die Wirkung kann also nicht durch persönliche Emotionen überlagert werden.

Die Übung: Wählen oder kreieren Sie ein Mantra für sich. Schließen Sie die Augen und denken Sie dieses Mantra. Genießen Sie die Schwingung dieses Wortes im Stillen. Sprechen Sie es dann laut aus. Wenn Sie möchten, chanten (singen auf einem Ton) oder singen Sie es. Wiederholen Sie es dann im Stillen, ohne es laut auszusprechen, und verbinden Sie den Gedanken mit dem Atem. Wiederholen Sie das Mantra mit dem Ausatmen und mit dem Einatmen. Spüren Sie den Unterschied: Wie wirkt es beim Ausatmen auf Sie und wie beim Einatmen?

Sitzen Sie noch einige Momente still, nachdem Sie die Wiederholung des Wortes oder Satzes beendet haben. Fühlen Sie das Wort. Fühlen Sie seine Bedeutung, anstatt sie zu denken. Fühlen Sie die Stimmung, in die das Wort Sie versetzt hat.

Fühlen macht lebendig

Was ist das Schöne am Leben, daran, dass wir lebendig sind? Es ist das Fühlen. Sich zu fühlen, egal wie, das ist Leben, das macht lebendig. Wir sehr wir auch an der Materie hängen – nicht Geld zu haben, ist das Schöne, sondern sich zu fühlen wie jemand, der Geld hat: sorglos oder frei, reich, wertvoll, mächtig oder bedeutend. Nicht einen schönen Körper zu haben ist das Schöne, sondern sich schön zu fühlen – oder geliebt oder wie auch immer man sich aufgrund des schönen Körpers fühlen mag. Wenn ich ein schönes Haus, ein fettes Bankkonto, einen großartigen Mann und einen hübschen und gesunden Körper habe, mich aber mies fühle, sind all diese Dinge und Umstände nichts wert, und ich bin ein armer Teufel. Wenn ich in einer Hütte hause, allein, arm und hässlich bin, aber über ein sonniges Gemüt verfüge und mich über jeden Sonnenstrahl, jeden Regentropfen und jeden neuen Tag freue, bin ich ein glücklicher Mensch. Das weiß jeder. Und trotzdem streben wir alle nach Dingen, Umständen und Menschen, von denen wir uns Glück erhoffen. Warum? Weil wir nicht mehr fühlen. Wir sind von fühlenden Wesen zu denkenden Menschen geworden, zu Menschen, welche die Fähigkeit, einfach zu sein und zu fühlen, verloren haben.

Schritt vier zum Fühlen: die Aufmerksamkeit mit dem Atem verbinden

Üblicherweise richten wir unsere Aufmerksamkeit aus dem Kopf, dem Sitz unserer Augen und Ohren, unseres Geschmacks- und Geruchssinns und unseres Verstandes, auf die Innen- oder Außenwelt. Nun aber verbinden Sie Ihre Aufmerksamkeit mit Ihrem Atem. Schließen Sie die Augen. Spüren Sie den Atem. Ziehen Sie aus Ihrem Kopf in Ihren Atem um. Treten Sie in Kontakt mit der Welt um Sie her, während Ihre Aufmerksamkeit ganz mit Ihrem Atem verschmolzen ist. Anstatt die Welt innerhalb und außerhalb Ihrer selbst denkend zu erforschen, berühren Sie sie mit Ihrem Atem. Der Atem hat keine Grenze. Er verbindet Ihren Körper mit dem Rest der Welt, aber auch mit Ihrem Innersten, der Seele. Üben Sie, alles, was auf der Leinwand Ihres Bewusstseins erscheint, mit dem Atem wahrzunehmen statt mit dem Gedankenbewusstsein.

Wenn Sie dereinst die Erde und den Erdenkörper verlassen haben, und jemand fragt Sie da oben, was denn so besonders war an der Inkarnation und wozu der ganze Stress gut gewesen sein soll … Was werden Sie sagen? Ich wette mit Ihnen, dass sich alles, was Sie darauf antworten können, auf etwas bezieht, was Sie gefühlt haben. Vielleicht sagen Sie, dass Sie das Bier vermissen oder den Sex oder die körperliche Berührung oder das Gras unter den Füßen; aber was Sie meinen, ist immer das Gefühl: zu fühlen, wie das kühle Bier die Kehle hinunterläuft; die

Wärme und Lust der körperlichen Berührung; das weiche, kühle, freie und unbeschreiblich erdige und vitale Gefühl, das man hat, wenn man barfuß über eine Wiese läuft; der Genuss, den man empfindet, wenn man den Geschmack reifer Aprikosen kostet, die Wärme der Sonnenstrahlen auf der Haut oder warmen Sand unter den Füßen spürt; das Gefühl, auf dem Gipfel eines Berges zu stehen, eine Welle zu reiten, mit dem Motorrad durch die Kurven zu jagen oder die Sonne hinter den Bergen aufgehen zu sehen, die Haut des oder der Geliebten zu spüren, in ein Paar glänzende Kinderaugen zu schauen, ein Kätzchen zu streicheln; der Rausch der Meisterschaft, wenn man einen Gipfel bezwungen oder ein Talent zur Vollkommenheit gebracht hat; die Liebe, die sich in vielen Jahren einer Beziehung entwickelt oder vertieft hat; das Entzücken der Verliebtheit, die sexuelle Ekstase, die Freude an Entdeckung und Erkenntnis, die Seligkeit in Momenten der Erleuchtung; die Ergriffenheit angesichts eines Sonnenuntergangs am Meer, eines prächtigen Sternenhimmels, eines neugeborenen Kindes. Zu leben, zu sterben und alles zu fühlen, was damit verbunden ist; das ist das Besondere an der Inkarnation. Gewiss, man kann sagen, es gehe im Leben nicht darum, irgendetwas zu fühlen, sondern große Dinge zu tun oder der Menschheit zu dienen. Aber wozu wollen wir das? Aus Liebe oder aus Begeisterung oder aus Mitgefühl oder aus der Sehnsucht nach Erfüllung, Erlösung, Größe, Bedeutung, Sinn oder Ähnlichem heraus. Wie man es auch dreht und wendet, es läuft immer auf das Fühlen hinaus.

Mini-Übung

Fühlen Sie Ihren Atem? Fühlen Sie die Haare auf Ihrem Kopf (sofern Sie welche haben)? Fühlen Sie Ihre Augen? Ihre Fußsohlen? Ihren Herzschlag?

Nur zu spüren, dass man lebt, die reine Lebensenergie zu fühlen, ist Ekstase. Aber da wir alle eingeschlafen sind und in unserem Traum meinen, ewig zu leben, merken wir das nicht. Wir achten einfach nicht darauf. Stattdessen schlagen wir uns mit Sorgen und Ängsten um die Zukunft herum, mit Schuldgefühlen wegen der Vergangenheit und mit Groll auf all das, worauf wir ein Recht zu haben meinen und das uns das Schicksal oder Gott oder das Leben oder wer auch immer vorenthält. Immer wenn ich mich bei derlei erwische, sage ich zu mir: »Stopp! Atmen! Fühlen!« Damit meine ich nicht, dass ich meine Aufmerksamkeit auf ein anderes Thema lenke oder dass ich mich vergewaltige, indem ich meinem Groll, meinem Ärger und meinen Sorgen den Rücken kehre. Vielmehr fange ich an, den Groll oder was auch immer mein Gemüt besetzt, zu fühlen, anstatt Grollgedanken zu denken. Dann bin ich wieder bei mir, wieder in der Gegenwart, wieder eins mit meinem Atem, meinem Körper, meinem Herzen. Und das tut unendlich gut.

Fühlen! Das ist meine Liebesgeschichte mit mir, mit dem Leben und mit Gott. Es liegt eine solche Poesie, ein solcher Zauber, ein solches Mysterium im Fühlen.

Ich fühle, und ich fühle mich.
Meinen Atem, meinen Körper, mein Gesicht;
mein Lächeln, meine Anspannung, meinen Schmerz;
die kühle Luft, die in meine Lungen strömt;
den glatten Boden unter meinen Füßen,
das weiche Polster meines Stuhls,
die geschmeidige Tastatur unter meinen Fingern,
den Frieden der Wälder vor meinem Haus,
die frohe Erwartung des Abendessens,
die leichte Trauer, die an diesem trüben Abend
über der Landschaft liegt;
den warmen Trost in der Nähe meines Geliebten
und die leichte Sorge um ihn;
eine Kühle an meinen Fußgelenken,
einen leichten Schmerz im Knie,
ein Ziehen im Nacken.
Und Hunger! Die Leere in der Magengrube.
Und wieder das Lächeln auf meinem Gesicht;
die Zufriedenheit darüber,
etwas vollbracht zu haben;
die Freude über die bunten Bilder an meiner Wand,
über die Musik, die im Nebenzimmer läuft.
Eine leichte, feine Zärtlichkeit
in meinem Atem,
der meine Brust durchstreift.
Wie wunderbar! Ich kann sogar die feinen Haare
auf meinem Kopf fühlen,
und je mehr ich fühle,
desto tiefer atme ich,
desto mehr entspanne ich mich,
desto mehr fülle ich mich
mit Leben.
Wenn ich tiefer fühle, tiefer in mich hinein,
kann ich die Zärtlichkeit hinter meiner Zärtlichkeit fühlen,

eine feine Gegenwart,
die in meiner Gegenwart verborgen ist,
hinter meinem Atem, hinter meiner Aufmerksamkeit,
hinter meinem Lächeln.
Was fühlen Sie – in diesem Augenblick?

Schritt fünf zum Fühlen: mit der atemverbundenen Aufmerksamkeit wahrnehmen

Wann immer Sie etwas mit den Augen betrachten – einen Käfer, der vor Ihnen über den Weg krabbelt, eine Blume, ein Haus, einen Menschen –, gewöhnen Sie sich an, Ihren Atem dabei zu spüren. Betrachten Sie das Objekt Ihrer Wahrnehmung mit atemverbundener Aufmerksamkeit.

Spüren Sie, wie das Zentrum Ihrer Bewusstheit dabei vom Kopf in den Körper wandert? Achten Sie beim Einatmen darauf, wie Sie sich fühlen, während Sie dieses Wesen, Ding oder Thema betrachten. Manches wird eine Emotion in Ihnen erzeugen, einen eigenen Kommentar, der sich zwischen Sie und das Objekt Ihrer Betrachtung schiebt, manches nicht. Dort, wo Sie emotional neutral sind, können Sie üben, das unmittelbare Gefühl wahrzunehmen, das im Kontakt entsteht. Falls Unglaube Sie daran hindert, dieses Gefühl wahrzunehmen, hilft es Ihnen vielleicht, sich immer wieder daran zu erinnern, dass es Schichten Ihres Körpers und Wesens gibt, in denen räumliche Trennung nicht existiert, beispielsweise Ihr Energiefeld. Da Fühlen eine Fähigkeit ist, die sich auf diese Schichten bezieht, ist es nur natürlich, dass wir in unserem Innern etwas vom Wesen und von der Eigenart anderer Wesen oder Dinge erfahren, sprich fühlen können.

Das Leben fühlen

Es gibt Augenblicke im Leben, in denen ich mich ungeheuer lebendig fühle. In diesen Momenten kann ich die
Lebensenergie spüren – wie sie die Zellen meines Körpers
füllt, bis sie übersprudeln vor Freude und Lebendigkeit.
Diese Augenblicke sind selten, jedenfalls im Rahmen
meines normalen täglichen Lebens, das ich zu einem
großen Teil in geschlossenen Räumen und ohne viel Bewegung verbringe. Meistens stellt sich dieses Gefühl von
Lebendigkeit draußen in der freien Natur ein, und zwar
wenn ich laufe, schwimme, körperliche Arbeit verrichte
oder tanze. Ich habe den Eindruck, dass es sich mit der
Energie in meinem Körper ähnlich verhält wie mit einem
Gewässer: Verbringe ich die meiste Zeit in geschlossenen
Räumen mit wenig Bewegung, so gleicht die Energie in
meinem Körper eher einem stehenden Wasser. Bewege
ich mich jedoch an der frischen Luft, so gleicht die Energie in meinem Körper einem fließenden Gewässer oder
gar einem Wildbach, je nachdem, wie ausgiebig mein
Körper bewegt und durchlüftet wird. Haben Sie je in
einem eiskalten Gebirgsbach gebadet? Erinnern Sie sich
an den Augenblick danach? Wenn man sich trocken ge-
rubbelt hat? Vibrierend vor Lust und Lebendigkeit, durch
und durch erfrischt und hellwach. Wenn man dann noch
das Vergnügen genießt, barfuß über eine Wiese zu laufen
und sich die Sonne auf die nackte Haut scheinen zu lassen, fühlt man sich durch und durch lebendig. In solchen

Momenten kann man das Leben fühlen. Ich meine das Leben an sich: die Lebensenergie.

Aber ich brauche nicht unbedingt einen Bergbach, um diesen Zustand zu erreichen, ja noch nicht einmal einen Spaziergang durch den benachbarten Park oder Wald, denn ich habe immer die Möglichkeit, mich aufzuladen und lebendig zu fühlen, und zwar durch den Atem.

Fühlen, ich sagte es bereits, ist mit Atmen verbunden. Nehmen Sie einen tiefen Atemzug und dann noch einen. Spüren Sie Ihren Atem ganz bewusst. Beobachten Sie Ihre Gedanken. Was denken Sie, während Sie einatmen? Was denken Sie, während Sie ausatmen? Blasen Sie Trübsal, wie man so schön sagt, indem Sie ständig trübe und unerfreuliche Gedanken einatmen? Verbreiten Sie Ihren Missmut wie schlechten Atem in dem Raum, der Sie umgibt? Wenn das so ist, lösen Sie sich von der Identifikation mit Ihren trübsinnigen Gedanken und öffnen Ihrer Traurigkeit, Ihrem Missmut oder welchem Gefühl auch immer Ihr Herz, bevor Sie sich mir wieder anschließen.

Können Sie Ihre Sehnsucht nach Leben fühlen? Ihren Hunger nach frischer Energie? Ihren Durst nach Lebendigkeit? Atmen Sie tief, während Sie diese Sehnsucht (irgendwo tief in Ihrem Herzen ist sie vergraben) in sich wecken und auftauchen lassen.

Stellen Sie sich Lebendigkeit vor. Stellen Sie sich vor, sprudelnd vor Energie und Freude zu sein. Erinnern Sie sich an einen Moment, in dem Sie es waren. Atmen Sie tief, und fühlen Sie diese Energie in sich aufsteigen. Atmen Sie tief, und spüren Sie, wie sie sich in Ihnen ausbreitet.

Was brauchen Sie, um sich lebendig zu fühlen?

Was immer es ist, stellen Sie es sich vor. Atmen Sie tief, und fühlen Sie Ihre Sehnsucht danach. Stellen Sie sich vor, Sie besäßen es bereits. Versetzen Sie sich mitten in die Vorstellung hinein. Atmen Sie tief, und lassen Sie zu, dass das Gefühl von Lebendigkeit Sie erfüllt.

Vermutlich werden alle möglichen Emotionen und Gedanken auftauchen und Ihre Aufmerksamkeit auf sich ziehen – Traurigkeit vielleicht oder der Gedanke, dass es unmöglich ist, verbunden mit Resignation oder Zorn oder Sinnlosigkeit, Langeweile oder Ungeduld oder was auch immer. Nehmen Sie diese Gedanken und Gefühle aufmerksam zur Kenntnis. Beurteilen Sie sie nicht. Versuchen Sie nicht, sie sich auszureden. Nehmen Sie sie einfach zur Kenntnis als Teile Ihrer selbst, die wahrgenommen und gewürdigt werden wollen. Wenn Sie sie *fühlen*, werden sie Teil Ihrer Lebendigkeit.

Atem ist Leben. Wie viel Leben wir mit dem Atem in uns aufnehmen und mit dem Atem an unsere Umwelt abgeben – mit wie viel Lebendigkeit wir unsere Mitwesen beschenken –, hängt davon ab, mit welchen Gedanken wir das Ein- und Ausatmen befrachten.

Mini-Übung

Denken Sie beim Einatmen ein beliebiges Wort negativen Inhalts, und beobachten Sie, was mit Ihrer Atmung und Körperspannung geschieht. Dann machen Sie das Gleiche mit einem beliebigen Wort positiven Inhalts. (Negativ bedeutet verneinend, positiv bejahend.)

Denken wir »Leben«, weiten sich die Atemräume automatisch (es sei denn, das Wort »Leben« ist traumatisch besetzt).

147

Deshalb denken Sie jetzt einige Atemzüge lang beim Einatmen »Leben« und beim Ausatmen ebenso. Wir füllen unseren Körper und unser Gemüt mit frischer Lebensenergie beim Einatmen, und beim Ausatmen laden wir unsere Umgebung mit frischer Lebensenergie auf. Wer Angst hat, seine Energie an andere abzugeben, sei versichert, dass diese Übung alles andere als schadet. Je mehr Lebendigkeit wir auf diese aktive und bewusste Weise an die Umwelt abgeben, desto mehr fließt uns beim Einatmen wieder zu! Leeren wir unsere Lungen ganz, können sie ein Maximum an frischer Luft aufnehmen. Leeren wir sie nur halb, können sie sich nur halb mit frischer Luft füllen.

Energie, Energie, Energie! Wir alle sind hungrig und durstig nach Energie, wie es in dem Roman *Die Prophezeiungen von Celestine* so schlüssig dargestellt wird. Wir versuchen, Energie von anderen zu bekommen, indem wir sie dazu bringen, sich uns zuzuwenden, uns zuzuhören, uns Aufmerksamkeit zu schenken, oder indem wir sie einschüchtern, unterwerfen oder beeindrucken. Wir verlieren unsere Energie an andere, wenn wir uns zwingen lassen, mehr zuzuhören, als uns lieb ist, wenn wir unsere Aufmerksamkeit einfangen lassen, wenn wir uns einschüchtern oder manipulieren lassen.

Dabei ist das Leben selbst die Energie, die uns nährt, und wir haben stets die Möglichkeit, Lebensenergie an der Quelle zu tanken; und anstatt unsere Energie passiv und ungewollt an andere zu verlieren, können wir ihnen bewusst Energie schenken, ohne selbst etwas davon zu verlieren. Mit jedem Atemzug nehmen wir Energie auf, im Schlafen und im Wachen.[4] Die Seele ist selbst Energie – oder besitzt ihre eigene Energie. Das heißt, unabhängig vom Energieaustausch mit unserer Umwelt erzeugen wir auch Lebensenergie aus uns selbst heraus. Beobachten Sie einmal, wie lebendig Sie sich fühlen, wenn eine Hoffnung, die Sie begraben hatten, auf einmal wieder aufkeimt; wenn eine Sehnsucht, deren Erfüllung Sie als unmöglich abgeschrieben hatten, plötzlich eine Chance bekommt; wenn Sie auf einmal von tiefer und selbstloser Liebe für wen auch immer durchdrungen sind; mit anderen Worten: Wenn eine Regung, die tief aus der Seele kommt, Sie erfüllt und Sie dieser Regung keinen Widerstand entgegensetzen. Mit der Hoffnung, der Sehnsucht, der Liebe taucht aus Ihrem Innern frische Energie auf – ganz gleich, ob Sie in einem muffigen dunklen Zimmer sitzen oder im Wald spazieren gehen!

---

4 Das geht so weit, dass manche Menschen es schaffen, sich nur von Energie (Prana, Licht) zu ernähren!

Fühlen statt sich etwas vorzustellen

Heute ist Sonntag, ein Sonntag, an dem ich nicht auf Reisen bin und nicht arbeite. Wie wunderbar! Was fange ich mit meiner Freiheit an? Am liebsten würde ich gemütlich in einem Sessel sitzen und … nähen. Ja, komisch, nähen. Tue ich sonst nie. Dinge, die ich in den Nähkorb lege, kann ich genauso gut gleich wegwerfen. Aber heute habe ich Lust dazu. Also auf zum Nähkorb. Da erhebt sich in mir Protest. »Ich kann doch an meinem freien Tag nicht nähen!«, sagt eine empörte Stimme. »Das ist doch Arbeit! Wo ich ausnahmsweise einmal frei habe! Da tue ich doch lieber etwas, was eindeutig in die Rubrik ›Faulenzen‹ oder ›Vergnügen‹ gehört, etwa einen Roman lesen oder spazieren gehen oder einen Ausflug machen oder einfach herumliegen und nichts tun …« Und schon ist das Projekt Nähen gestorben, und ich greife mir den Roman oder breche zu einem Spaziergang oder Ausflug auf. Am Abend stelle ich dann fest, dass mir irgendetwas fehlt, auch wenn der Tag sehr schön war … Was mir fehlt, ist die Befriedigung, das getan zu haben, was sich richtig anfühlte. Nähen.

Wenn wir etwas vor uns haben, einen freien Tag, einen Urlaub, eine neue Beziehung, ein neues Projekt, was auch immer, neigen wir dazu, uns Vorstellungen zu machen. Aus der Erinnerung an frühere Ereignisse heraus und aufgrund dessen, was wir gelesen, gesehen oder gelernt haben, machen wir uns ein Bild davon, wie das Unternehmen aussehen sollte, anstatt auf unser Gefühl zu achten. Die ganz große Übung für alle, die nicht nur fühlen lernen möchten, sondern auch, glücklich, zufrieden und erfüllt zu sein, ist die: *Denke nicht nach, was richtig ist, sondern achte darauf, was sich richtig anfühlt. Anders ausgedrückt: Zerbrich dir nicht den Kopf, sondern öffne dein Herz. Fühle.*

Mit dem Verstand ist nicht so leicht zu ermitteln, was das Richtige ist. Was geschieht, wenn wir es durch Denken herauszufinden versuchen? Wir verwenden die unserem Bewusstsein zugänglichen Daten aus der Vergangenheit (Erinnerungen an entsprechende Ereignisse und das, was wir von anderen gelernt haben) und schließen daraus auf die Gegenwart oder Zukunft. Dieses Vorgehen – allgemein als das vernünftige betrachtet – hat folgende Haken:

a) Unsere »Daten« aus der Vergangenheit schließen nur unsere eigenen Erfahrungen ein, nicht die anderer, an den Geschehnissen direkt oder indirekt Beteiligter.

b) Nur ein kleiner Teil der Daten aus der Vergangenheit ist uns bewusst, ein Großteil ist im Unterbewusstsein gelagert oder überhaupt in Vergessenheit geraten.

c) Unsere Erinnerungen stehen uns niemals objektiv zur Verfügung, wie etwa eine Filmaufzeichnung, sondern sind immer gefiltert durch unsere Sichtweise und interpretiert durch unsere Schlussfolgerungen.

d) Die gegenwärtige oder zukünftige Situation, die wir vorauszuplanen versuchen, ist nicht nur die Fortsetzung unserer eigenen Vergangenheit, sondern schließt Schicksal und Entscheidungen anderer sowie sonstige, nicht vorhersehbare Ereignisse und Umstände mit ein.

e) Die Gegenwart oder die Zukunft ist nur in einem gewissen Umfang eine Fortsetzung der Vergangenheit; zu einem nicht vorher zu bestimmenden Teil entsteht sie durch spontane, nicht vorhersehbare Impulse.

Zwar müssen wir, schon weil wir als denkende Wesen gar nicht anders können, darüber nachdenken, was richtig sein könnte, und unseren Verstand auf diese Weise seinen Beitrag leisten lassen, aber dennoch verfügt jedes Lebewesen über eine wunderbare Fähigkeit, instinktiv zu wissen, was in einer gegebenen Situation das Richtige ist. Diese Fähigkeit nennt man Instinkt, Intuition oder ganz einfach Gefühl. Man hat so ein Gefühl. In neuzeitlichem Deutsch sagt man auch: »Es fühlt sich richtig an.«

Dieses Gefühl taucht im allerersten Moment auf und ist meist wieder verschwunden, bevor man es gemerkt hat. Hinterher, wenn alles anders – meist falsch – gelaufen ist, weiß man: »Ich hatte gleich so ein Gefühl.« Aber hinterher ist zu spät. Wie kann man dieses flüchtige erste Gefühl im richtigen Moment erfassen? Indem man sich darauf einstellt, wieder und wieder, am besten täglich, darauf zu achten. Es ist ganz einfach, man muss es nur tun.

Morgens beim Ankleiden

Spüren Sie in sich hinein, bevor Sie in den Kleiderschrank greifen. Vielleicht gibt es in Ihnen ein Verlangen nach einer bestimmten Farbe, einem bestimmten Stoff. An manchen Tagen verspüre ich ein Bedürfnis nach etwas Leichtem, Hellem in einer neutralen Farbe, beispielsweise Beige. Manchmal muss es ganz klar eine bestimmte Farbe sein, manchmal ein weicher Stoff; manchmal etwas, das straff geschnitten ist. Manchmal brauche ich etwas Warmes und Schützendes um mich herum. Auch Sie haben ein Gespür dafür, welche Art von Kleidung Ihnen heute guttut. Üben Sie, auf dieses Gefühl zu achten. Aber üben Sie mit Leichtigkeit, spielerisch. Wenn es kompliziert wird, ist es nicht Fühlen. Dann entscheiden Sie einfach nach Vernunft oder den üblichen Kriterien.

Dies ist wahrscheinlich eher eine Übung für Frauen als für Männer, denn Frauen haben viel mehr Möglichkeiten, sich zu kleiden. Aber auch für einen Mann macht es einen Unterschied, ob er ein rotes, ein blaues oder ein weißes Hemd trägt oder ein T-Shirt oder einen Pulli … Üben Sie zu fühlen, was Sie tragen möchten. Ihr Körper fühlt sich mit Sicherheit heute in einem bestimmten Kleidungsstück wohler als in anderen. Achten Sie auf dieses Gefühl, sei es bevor Sie sich anziehen oder danach. Bevor Sie nach dem Wetter und in Ihren Terminplan schauen, um festzustellen, was Sie anziehen müssen, spüren Sie, was Sie anziehen möchten.

Im Allgemeinen stimmt das innere Gespür mit allen Gegebenheiten überein. Wenn es einmal nicht so ist, müssen Sie wahrscheinlich nach Vernunft entscheiden, beispielsweise wenn Ihr Körper sich nach einem roten T-Shirt und einer Schlabberhose sehnt, Sie aber im Anzug zur Konferenz erscheinen müssen. Dann können Sie üben wahrzunehmen, wie Sie sich in dieser Kleidung fühlen. (In dieser Übung geht es nicht um das richtige Kleidungsstück zum entsprechenden Anlass, sondern darum, fühlen zu lernen.)

Beim Betreten eines neuen Ortes

Wenn Sie das nächste Mal einen für Sie neuen Ort betreten, sei es ein fremdes Büro, ein Haus, ein Zimmer, einen Park oder Platz, lenken Sie Ihre Wahrnehmung auf Ihren Atem und Ihr Gefühl, bevor Sie beginnen, sich neugierig umzuschauen. Das Gefühl ist immer die primäre Wahrnehmung. Wenn Sie den Raum mit geschlossenen Augen betreten würden, wäre es vielleicht leichter, es wahrzunehmen, denn unsere visuelle Wahrnehmung ist stark mit unserem Denken verknüpft. Wir sehen etwas und interpretieren es sofort. An diese Interpretation hängen sich Emotionen, die wiederum Gedanken und andere Emotionen hervorrufen. All dies überdeckt das primäre Gefühl, das eine unmittelbare Wahrnehmung der Qualität dieses Ortes sein kann.

Die Übung besteht deshalb darin, beim Betreten eines neuen Raumes zuerst mit einem Atemzug zu sich zu kommen und das innere Gefühl wahrzunehmen, bevor die Sinneseindrücke all die Interpretationen und Gefühle auslösen, welche die unmittelbare Wahrnehmung überdecken.

Wie geht's?

»Wie geht's?« fragen wir einander, wenn wir uns begegnen, und meinen: »Wie fühlst du dich?« Aber kaum jemand kann diese Frage wahrheitsgemäß beantworten, denn bevor man sagen kann, *wie* man sich fühlt, muss man sich überhaupt erst einmal fühlen, und das tun wir im Normalfall nicht. Anstatt einander also zu fragen, *wie* wir uns fühlen, sollten wir uns fragen, *ob* wir uns fühlen. Dies wäre im Sinne unseres Anliegens – wieder fühlen zu lernen – eine sehr nützliche Frage, denn sie würde unsere Aufmerksamkeit sofort auf unser momentanes Gefühl richten.

Fühlst du dich? Jetzt? In diesem Augenblick? Was fühlst du, wenn du dich fühlst? Deinen Atem? Deine Verspannungen? Deine Stimmung? Deine Emotion? Deinen Pulsschlag? Deine Körpertemperatur? Den Eindruck, den die Luft auf der Haut deines Gesichts, deiner Arme hinterlässt? Was fühlst du?

Fühlst du überhaupt irgendetwas?

Das ist die entscheidende Frage, die wir uns stellen sollten, wenn wir wieder fühlen lernen möchten – täglich, stündlich, viertelstündlich, immer wieder. Fühlst du dich? Beziehungsweise: Fühle ich mich?

Wie ich mich fühle, interessiert erst in zweiter Linie, ist ohnehin nicht so leicht zu beantworten und vielleicht auch nicht so wichtig. Jeder Augenblick ist ein ganzer Blumenstrauß von Gefühlen … Ein wenig wehmütig fühle ich mich, ein wenig heiter. Ein leichter Hauch von Glück schleicht sich hier und da ein, wenn ich die Wärme der Nachmittagssonne beim Schreiben auf meiner rechten Schulter spüre, die Vögel im nahen Wald zwitschern höre und das leise Kling-Klong des hölzernen Windspiels. Außerdem fühle ich mich ein wenig unter Druck, weil es viel zu tun gibt, und ein wenig verspannt. Ein leichter Schmerz nistet in meinem Nacken von allzu viel Anspannung am letzten Wochenende, und meine Augen fühlen sich müde an, ein wenig schläfrig. Ich verspüre ein starkes Bedürfnis nach Ruhe … Wenn ich vollständig beschreiben wollte, wie ich mich in diesem Augenblick fühle, könnte ich zwei Seiten füllen, und am Ende müsste ich noch zwei Seiten füllen, weil ich mich dann schon wieder anders fühlen würde. Es gibt Menschen, die einem ihre Befindlichkeit auf die Frage »Wie geht's?« in dieser Ausführlichkeit schildern. Ihnen stellt man diese Frage kein zweites Mal.

Gefühle sind flüchtig. Fühlen ist ein Strom von Nuancen des Erlebens, ein schillernder, stets changierender Strom. Wir neigen dazu, einzelne Nuancen dieses Erlebens – »Gefühle« – herauszuschneiden und zu betonen. Wir sagen: »Ach, zurzeit geht es mir nicht so gut. Ich bin ein wenig deprimiert« oder: »Im Moment bin ich glücklich und zufrieden.« Das liegt daran, dass wir nicht wirklich fühlen, sondern einfach einen groben Gesamteindruck von unserer Befindlichkeit haben, und ferner daran, dass wir mit bestimmten Gefühlen identifiziert sind und andere unterdrücken oder in den Hintergrund spielen.

»Wieder fühlen lernen« bedeutet nicht, dass wir unsere Gefühle genauer benennen oder gar kategorisieren können. Es bedeutet, dass wir in den ständig wandelnden Strom unseres inneren Erlebens eintauchen, ohne in ihm unterzugehen. Ein Gefühl zu benennen und darüber nachdenken oder es fühlen – das ist so wie einen Vortrag über Wasser zu halten oder darin zu baden und es zu trinken.

Wir können den Duft der Rose analysieren oder ihn tief einatmen und uns von ihm berühren lassen. Unser Ziel ist es nicht, Gefühle zu analysieren oder unsere Gefühlsnatur zu erkennen, sondern zu fühlen.

Fühlen Sie sich? Jetzt? In diesem Augenblick? Kehren Sie für einen Augenblick heim zu Ihrem Atem, zu Ihrem Körper und fühlen Sie sich.

Warum tun wir, was wir tun?

Alles, was wir tun, tun wir um eines Gefühls willen, ob Sie es glauben oder nicht. Warum sparen wir Geld? Weil wir uns sicher fühlen möchten. Weil wir Angst haben. Warum fahren wir in Urlaub? Warum verlieben wir uns? Warum heiraten wir? Warum bekommen wir Kinder? Warum streben wir nach Erfolg, Macht und Ruhm? Warum wollen wir Karriere machen? Warum versuchen wir, unseren Job möglichst gut zu machen? Nicht wegen des Urlaubs, des Partners, der Kinder oder des Jobs, sondern um der Gefühle willen, die wir uns davon versprechen.

Warum also tun wir, was wir tun? Um uns so oder so zu fühlen. Und fühlen wir uns so oder so, nachdem wir es getan haben? Nein. Warum nicht? Weil wir uns überhaupt nicht fühlen.

Wir müssen also noch mehr von dem tun, was wir tun, um uns so oder so zu fühlen, damit wir uns endlich so fühlen können, wie wir uns fühlen möchten. Und noch mehr und noch mehr, bis wir umfallen.

Am Schluss haben wir alles getan, um jenes Gefühl zu erreichen. Es war auch die ganze Zeit da, potenziell jedenfalls, aber wir haben es nicht gefühlt. Was für ein Drama.

Motivprüfung: Warum tue ich, was ich tue?

Denken Sie an etwas, das Sie heute getan haben (nichts aus dem Bereich der alltäglichen Notwendigkeiten wie Abwaschen oder Zähneputzen, das eignet sich nicht so gut für die Übung). Prüfen Sie genau: Warum haben Sie das getan oder gesagt? Was war Ihr wahrer Beweggrund? Welcher Wunsch oder welche Angst lag dem zugrunde?

Richten Sie nicht, sondern nehmen Sie wahr. Wenn Sie die Übung vertiefen möchten, fühlen Sie die Sehnsucht hinter Ihrem Wunsch oder die Angst hinter Ihrem Verhalten. Spüren Sie sie im Körper. Öffnen Sie Ihr Herz dafür.

Machen Sie diese »Gewissensprüfung« eine Zeit lang jeden Abend. Fragen Sie sich: »Warum habe ich das getan? Warum habe ich das gesagt? Was habe ich in Wirklichkeit damit bezweckt? Welcher Wunsch oder welche Angst steckte dahinter?«

Wenn Sie dies eine Weile ehrlich und aufmerksam üben, werden Sie feststellen, dass immer Gefühle im Spiel sind. Glauben Sie zum Beispiel nicht, es ginge nicht um Gefühle, wenn eiskalte Geschäftsleute einen Deal miteinander aushandeln. (Wenn Sie selbst einer sind, wissen Sie das.) Natürlich müssen sie gewisse Gefühle ausschalten, um überhaupt erfolgreich verhandeln zu können, Mitleid etwa oder ihr Gerechtigkeitsgefühl, den Wunsch nach Ehrlichkeit oder jede sentimentale Regung. Aber worum geht es denn letztlich bei dem Geschäft? Es geht nie um

das, worum es zu gehen scheint, sondern immer um Gefühle, um die Zufriedenheit, den Stolz oder die Erfüllung,
die sich einstellen, wenn alles im eigenen Sinne gut läuft;
um die Angst, sein Gesicht zu verlieren, zu versagen,
nicht respektiert zu werden, seinen Job oder sein Geld zu
verlieren und sich dann arm/elend/unsicher/wertlos/wie
ein Versager/verachtet oder wie auch immer zu fühlen.

Wie Fühlen unsere Beziehungen zurechtrückt

Wir haben ein falsches Bild von unseren Mitmenschen. Wir schätzen nicht nur diejenigen, die uns nahestehen und die wir lieben, völlig falsch ein, sondern auch Menschen, mit denen wir nur oberflächlich zu tun haben, und ganz besonders diejenigen, mit denen wir in Fehde liegen oder die wir nicht ausstehen können.

Ich vermute, dass neunzig Prozent unserer Annahmen über andere Menschen falsch sind. Wann immer ich einem meiner eigenen zwischenmenschlichen Probleme auf den Grund gehe, indem ich meine Emotionen *fühle*, statt mich von ihnen beherrschen zu lassen, und dann mein Herz für denjenigen öffne, der die schlimmen Gefühle in mir ausgelöst hat, wundere ich mich darüber, dass sich der Betreffende so ganz anders fühlt, als ich es mir vorgestellt hatte. Ich dachte vielleicht, er hasse mich, und stelle nun fest, dass er sich in Wirklichkeit verletzt oder unsicher fühlt. Oder ich war fest davon überzeugt, dass die Person sich haushoch überlegen fühlt, und stelle nun fest, dass sie in Wahrheit darunter leidet, nicht wertgeschätzt zu werden.

Unser Urteil über andere wird hauptsächlich von zwei Faktoren bestimmt:

erstens von Auftreten und Aussehen der Betreffenden und zweitens von unseren Projektionen. Lassen Sie mich dies erläutern.

Auftreten und Aussehen

Kennen Sie den Witz von den zwei Riesen, die an der Autobahn stehen und die vorbeiflitzenden Autos betrachten? »Außen sind sie hart«, sagt der eine, »aber innen weich und lecker.« Wir alle sind so ähnlich, wie der Riese die Autos beschreibt. Außen ganz anders als innen. In vielen Fällen ist das Äußere sogar das genaue Gegenteil des Inneren. Auftreten und Aussehen sind Masken, mit denen wir unser Inneres schützen. Deshalb sind wir oft erstaunt, wenn wir hören, wie andere uns oder sich selbst beurteilen. Ich kenne Menschen, die wegen ihres einschüchternden Verhaltens allgemein gefürchtet sind, sich selbst aber als sehr ängstlich erleben. Manche Menschen verhalten sich grob und rücksichtslos, halten sich aber für äußerst rücksichtsvolle und feinfühlige Zeitgenossen. Manche ausgesprochen schöne Frauen sind insgeheim davon überzeugt, hässlich zu sein, und fühlen sich entsprechend. Von dicken Menschen meint man oft, dass sie viel einstecken können; aber oft leiden sie unter enormer Verletzlichkeit. Das viele Fleisch ist ihr Versuch, sich zu schützen. Wo auch immer ich tiefer hinschaue, stelle ich fest: Es herrscht eine enorme Diskrepanz zwischen außen und innen.

Im Thomas-Evangelium[5] sagt Jesus, wir sollen das Äußere wie das Innere machen und das Innere wie das Äußere. Vielleicht ist dies ein Teil von dem, was er meinte. Wer nach Reinheit strebt, bemüht sich vielleicht vor allem darum, sein wahres Wesen nach außen hin zu manifestieren und die Maske abzuschaffen.

Wir beurteilen andere aufgrund ihrer Maske. Wir fallen auf ihr Äußeres und ihr Verhalten herein, anstatt uns in

---

5 Apokryphes Evangelium, das heißt eines, das nicht in die Bibel aufgenommen wurde.

ihr inneres Wesen einzufühlen. So werden wir den verletzlichen Menschen noch mehr verletzen, weil er sich uns gegenüber so souverän und unverletzlich gibt. Wir werden wütend über etwas, das wir für eine beleidigende Zurschaustellung von Überlegenheit halten, das in Wirklichkeit jedoch nur ein Zeugnis von Unsicherheit ist, und so fort.

Projektionen

Der zweite Faktor, der unser Urteil über andere und unser Verhalten ihnen gegenüber bestimmt, sind unsere Projektionen. Anstatt das Bild des anderen zu sehen, wie unsere Sinne es vermitteln, sehen wir ein inneres Bild, das wir auf die betreffende Person wie auf eine Leinwand projizieren. So projiziert eine Frau meist ihren Vater auf den Partner, wenn dieser sich vom Erscheinungsbild und vom Charakter her auch nur halbwegs dafür eignet. Und ein Mann projiziert seine Mutter auf die Partnerin. (Frauen können aber auch ihre Mutter auf den Partner projizieren, in Momenten nämlich, da ungestillte kindliche Bedürfnisse auftauchen, die sich auf die Mutter bezogen und die der Partner möglicherweise befriedigen kann, zum Beispiel das Bedürfnis nach Wärme, Geborgenheit, Zärtlichkeit etc.) Viele Beziehungen sind so angelegt, dass der Partner die Bezugsperson ist und somit Vater, Mutter, Freund oder Freundin, Kind (an dem wir unser Bedürfnis nach Bemutterung ausleben können) und Sexpartner zugleich sein soll. Er oder sie soll sämtliche emotionalen Bedürfnisse befriedigen.

Aber das ist längst nicht alles, was wir projizieren. Wir leben fast nie in der Gegenwart, sondern immer in einer aus unseren Grundüberzeugungen und Grundidentifikationen gebastelten Traumwelt, einer Welt, die eine Projektion unserer Gedanken und Gefühle ist und in der unsere Mitmenschen diese oder jene Rolle spielen, je nach Situation, Interpretation der Situation und in uns ausgelöstem Gefühl. Ein Arbeitskollege, der eine laute Stimme hat, erinnert uns vielleicht an unseren Vater, den wir als sehr dominant erlebt haben, und schon befinden wir uns in einem »Film« und nicht in der Realität. In diesem Film sind wir das Opfer der Dominanz dieses Kollegen, nicht in der Lage, uns gegen ihn durchzusetzen. Wir leiden darunter und hassen ihn dafür, und dann hassen wir uns selbst dafür, dass wir ihn hassen, fühlen uns schuldig und sind dann in der Folge netter zu ihm, als wir natürlicherweise wären, um diese Schuld wieder auszugleichen. Wenn wir diesem Menschen begegnen, sind wir nicht mit ihm in Kontakt, sondern mit einer Figur aus unserem inneren Film, die mit seiner Realität nichts zu tun hat. Der Kollege ist vielleicht in Wirklichkeit ein lieber und schüchterner Mensch, dem seine Mutter eingetrichtert hat, immer laut und deutlich zu reden, weil er in seiner Kindheit vor lauter Schüchternheit immer genuschelt hat …

Und dann gibt es jemanden, den wir für einen besonders guten Menschen halten, weil er so nett ist und immer bemüht, uns etwas Gutes zu tun. Seine Nettigkeit hat jedoch weder mit uns zu tun noch mit echter Herzensgüte, sondern geht auf Angst zurück. Er oder sie hat Angst, für nicht gut oder liebenswert befunden oder nicht wertgeschätzt zu werden, ja womöglich gar nicht existenzberechtigt zu sein, wenn er/sie sich nicht ständig Mühe gibt, sämtliche Wünsche und Erwartungen seiner Mitmenschen zu erfüllen. In Wahrheit ist er oder sie uns gegenüber vielleicht herzlich gleichgültig.

Wohlgemerkt, dies sind Beispiele, die verdeutlichen sollen, wie sehr äußeres Auftreten und innere Realität auseinanderklaffen können. Sie dürfen aber auf keinen Fall verallgemeinert werden! Nicht jeder nette Mensch ist nett, weil er Angst hat, und nicht jeder selbstsicher auftretende Mensch ist im Innern ängstlich.

Verallgemeinern kann ich nur dies: Was immer wir über einen Menschen denken, hat nichts mit ihm zu tun. Es sagt nichts über ihn aus, aber viel über uns selbst. Wie auch immer wir ihn betrachten, wir sehen nicht ihn, sondern unsere eigene Sichtweise. Auch unsere Gefühle ihm oder ihr gegenüber haben nichts mit der betreffenden Person zu tun, sondern nur mit uns selbst. Es sind unsere Gefühle, ausgelöst durch unsere Gedanken, die wiederum durch unsere Vergangenheit geprägt sind. Das Gleiche gilt umgekehrt: Was immer Mitmenschen über uns denken, hat nichts mit uns zu tun und kann für uns bestenfalls eine Information über das Denken der Betreffenden sein. Welches Bild auch immer jene von uns haben, es ist ihr Bild und sagt etwas über sie aus, aber nichts über uns. Und auch die Gefühle, die andere uns entgegenbringen, haben nichts mit uns zu tun. So fühle ich mich zum Beispiel nicht geschmeichelt, wenn jemand mich bewundert, denn ich spüre, dass die Bewunderung nicht mir gilt, sondern einem inneren Bild des oder der Betreffenden, das er/sie auf mich projiziert. Ich fürchte mich sogar ein wenig vor dieser Bewunderung, denn ihre Kehrseite ist oft Neid, der sich unbemerkt in Hass verkehren kann. (Identifiziere ich mich mit dieser Furcht, werde ich den Fehler machen, Hass und Neid auf jeden Menschen zu projizieren, der mich bewundert.) Wenn jemand mich ablehnt, kann ich (seit ich das Gefühl der Ablehnung bewusst durchlebt habe) klar wahrnehmen, dass seine Ablehnung nichts mit mir zu tun hat, sondern mit einem Thema aus seiner Vergangenheit, das er/sie auf mich projiziert. Das gilt auch, wenn jemand in mich verliebt ist. Es macht mich nicht glücklich. Bestenfalls freue ich mich für den anderen, dass er ein so schönes Gefühl erlebt, oder empfinde Mitleid, wenn er darunter leidet – es sei denn, ich empfinde dasselbe umgekehrt, und wir erleben für kurze Zeit den Höhenrausch der erfolgreichen Doppelprojektion.[6] Das einzige Gefühl, das bei mir als etwas ankommt, das wirklich mich meint, ist Liebe – jene Liebe, die aus dem Herzen kommt, die sich als Mitgefühl, Verständnis und Achtung äußert und die an kein Bild von mir, keine Erwartung und keine Bedingung geknüpft ist. Diese Liebe berührt und umfasst mich, wie auch immer ich sein, aussehen und mich äußern mag. Sie geht von Herz zu Herz, ist keine Emotion und beruht nicht auf Projektion. Alle anderen Gefühle sind Emotionen, die etwas mit dem inneren Hintergrund desjenigen zu tun haben, der das Gefühl hat, nicht aber mit der Person, die es in ihm auslöst.

Wir nehmen also in Wirklichkeit nichts oder herzlich wenig voneinander wahr. All unsere Reaktionen auf andere Menschen und deren Reaktionen auf uns beruhen auf falschen Annahmen. Wir sind nicht miteinander in Kontakt, sondern mit Figuren unseres inneren Films. Wir reagieren nicht auf unsere Mitmenschen, sondern auf unsere Gedanken über sie, die aus unserem inneren Film kommen, und umgekehrt. Wir leben in einer Welt der Einbildung.

Ein einfacher Weg, daraus zu erwachen und in die Wirklichkeit zu gelangen, ist, sein Herz zu öffnen und zu *fühlen*. Anstatt auf den äußeren Eindruck zu reagieren, den ein Mensch auf mich macht, und auf die Erinnerungen und Schlussfolgerungen aus der Vergangenheit, die

---

6 Damit will ich den Wert, den Verliebtheit als Erlebnis und Einweihung hat, nicht herabwürdigen. Siehe meine *Zauberworte der Liebe*.

von diesem äußeren Eindruck ausgelöst werden, kann ich mich diesem Menschen öffnen und *fühlen*, wie es ihm geht, was ihn bewegt und was er wirklich ausdrücken möchte. Es ist ganz leicht. Wir fühlen es ohnehin, aber wir merken es nicht. Das liegt daran, dass unsere interpretierenden Gedanken und die von ihnen ausgelösten Emotionen und automatischen Reaktionen so schnell und so laut sind, dass wir das unmittelbare Gefühl nicht wahrnehmen.

Wenn ich etwas von der inneren Realität eines anderen fühlen möchte, muss ich all das, was sich in meinem Innern vor diese Wahrnehmung schiebt, weglassen oder zur Seite schieben. Ich muss willens und in der Lage sein, Abstand zu nehmen von meinen eigenen Gedanken, Überzeugungen und gefühlsmäßigen Reaktionen. Ich muss, wenigstens für einen Augenblick, auf sie verzichten und bereit sein, die Wahrheit des anderen wahrzunehmen statt meiner eigenen Ideen. Aber wie macht man das? Die eigenen Überzeugungen kleben so fest und sind uns so wenig bewusst, und wir sind so sehr von den Gefühlen beherrscht, die durch diese Überzeugungen hervorgerufen werden, dass wir gar nicht in der Lage sind, wirklich *wahrzunehmen* (= die Wahrheit zu nehmen). Wir ziehen die Illusion der Wahrheit vor, weil die Illusion unser Denken und Fühlen als richtig bestätigt. Und damit fühlen wir uns selbst in unserem Sosein bestätigt (weil wir unser Denken und Fühlen mit uns selbst verwechseln).

Wie also kann man lernen, sich der inneren Realität anderer Menschen zu öffnen und sie zu *fühlen*? Zwei Dinge sind hier entscheidend: zum einen die Fähigkeit, die eigenen Gefühle bewusst wahrzunehmen, damit sie unsere Sicht nicht unbemerkt verzerren, und zum anderen der Wunsch, den anderen zu verstehen oder mit ihm zu fühlen (nicht zu verwechseln mit dem eigenen Wunsch nach Nähe, der sich dahinter verbergen kann); das echte Interesse an dem, was ihn bewegt, oder die Bereitschaft, aus der Täuschung zu erwachen und in die Wahrheit zu gelangen. Sobald dieser Wunsch, dieses Interesse oder diese Bereitschaft in uns wach geworden ist, sitzen wir in dem Zug, der uns zum Ziel bringt. Dieser Zug mag hier und da anhalten und vielleicht lange Pausen machen, in denen man denkt, dass es nicht weitergeht, aber er bringt uns immer zum Ziel. Bereitschaft, Wunsch oder Interesse erwachen spontan in uns. Das ist nichts, was wir *machen* können; es geschieht einfach. Sind sie aber einmal erwacht, kann man sie wieder und wieder in sich wecken; immer dann, wenn man in einem emotionalen Drama steckt oder in einem Konflikt, wenn man sich über jemanden ärgert, aufregt oder jemandem ganz einfach nah sein möchte.

Alles Weitere ist einfach, wenn auch nicht immer leicht. Entweder ist mein Herz im jeweiligen Moment für die betreffende Person offen. Dann fühle ich unmittelbar, was sie fühlt (= Mitgefühl), und Achtung und Verständnis tauchen als natürliche Folgen dieses Mitfühlens auf. Oder mein Herz ist nicht offen. Dann gilt es herauszufinden, welche Gefühle es verschlossen halten, und dann muss ich mich diesen Gefühlen zuwenden, sie kennenlernen und bewusst *fühlen,* anstatt mich weiterhin unbewusst von ihnen beherrschen zu lassen. Das ist »körperzentrierte Herzensarbeit«. Sobald mein Herz für meine eigenen Gefühle offen ist, ist es auch offen für die Gefühle des anderen. Nun kann ich sie wahrnehmen, ohne meine eigenen emotionalen Reaktionen vor diese Wahrnehmung zu schieben.

Zwischenmenschliche Probleme mit
»körperzentrierter Herzensarbeit« lösen
Dauer: 15 bis 30 Minuten

Vergegenwärtigen Sie sich das Problem. Denken Sie an die betreffende Situation oder Person. Spüren Sie Ihren Atem.

Richten Sie Ihre Aufmerksamkeit auf Ihren Körper. Durchstreifen Sie ihn vom Scheitel bis zur Sohle mit Ihrer Aufmerksamkeit. Wo bemerken Sie eine besondere Reaktion, ein Symptom, einen Zustand, der Ihnen auffällt (z. B. Anspannung, Schmerz, Taubheit, Kälte, Hitze, Schlaffheit, Zittern)?

Konzentrieren Sie Ihre Aufmerksamkeit in dem betroffenen Teil Ihres Körpers.

Lernen Sie den Zustand kennen, in dem er sich befindet. Verändern Sie ihn nicht, sondern erleben Sie ihn bewusst. Spüren Sie Ihren Atem.

Während Sie diesen Körperzustand aufmerksam erleben, beobachten Sie, wie Sie sich dabei fühlen. Machen Sie sich bewusst, dass der betreffende Teil Ihres Körpers zugleich ein Teil von Ihnen ist, und der Zustand, in dem er sich befindet, ist Ihr eigener – seelischer – Zustand, Ihr Gefühl. Welches Gefühl drückt der Körper hier aus? Sie erkennen es am leichtesten, indem Sie darauf achten, wie Sie sich fühlen (anstatt nachzudenken).

Sobald Sie das Gefühl erkannt haben, konzentrieren Sie Ihre Aufmerksamkeit darauf, es kennenzulernen. Erforschen Sie, wie es ist, sich so zu fühlen. Spüren Sie Ihren Atem (ohne ihn zu verändern).

Während Sie das Gefühl bewusst wahrnehmen (ohne mit ihm identifiziert zu sein), fragen Sie sich, was es von Ihrem Herzen braucht, und probieren Sie die Herzensschlüssel durch: Was braucht Ihr Gefühl? Möchte es wahrgenommen/gefühlt wer-

den? Braucht es Anerkennung? Erlaubnis? Verständnis? Mitgefühl? Erbarmen? Achtung? Raum?

Wenn Sie (an seiner erleichterten Reaktion) spüren, was es
braucht, hat sich Ihr Herz geöffnet.

Hier können Sie die Übung beenden, indem Sie noch einmal
an die Problemsituation denken, während Sie Ihre Emotion, die
Sie vorher unbewusst beherrscht hat, nun bewusst fühlen. Merken Sie, dass sich Ihre Einstellung zur Situation verändert?

Sie können aber auch fortfahren und noch tiefer schauen.
Vielleicht sind noch weitere Emotionen im Spiel, die wahrge-
nommen werden möchten. Betrachten Sie sie auf die gleiche
Weise, indem Sie sie als körperlichen Zustand fühlen und Ihr
Herz für sie öffnen. Vielleicht dringen Sie auch sofort zu dem
Schmerz durch, der unter den Emotionen liegt. Dieser Schmerz
möchte nur wahrgenommen werden (das heißt, dass Sie ihn
bewusst fühlen, ohne in ihm unterzugehen).

Wenn Sie – in einer oder mehreren Sitzungen körperzentrier-
ter Herzensarbeit – bis zu Ihrem Schmerz durchgedrungen sind
und diesen zugelassen haben, sind Sie auf dem Grund Ihres
Problems angelangt.

Merken Sie, dass Sie bisher unbewusst dachten, das, was Sie
nun als Ihren Schmerz erkannt haben, sei eine Tatsache? Und
dass die Angst vor dieser vermeintlichen Tatsache Sie beherrscht
hat?

Nun, da Sie die Erfahrung gemacht haben, dass es sich in
Wirklichkeit nicht um eine Tatsache, sondern um Ihr eigenes Gefühl handelt, können Sie Ihr Herz für die Person öffnen, die Ihren
Schmerz ausgelöst hat. Denken Sie erneut an diesen Menschen,
vergegenwärtigen Sie sich die Situation, von der Sie ausgegan-
gen waren, nehmen Sie Ihre Gefühle bewusst wahr und öffnen
Sie sich dafür, die Gefühle des anderen kennenzulernen.

Sollte Ihnen dies noch nicht möglich sein, so brauchen Sie
entweder Zeit, um die neu entdeckten Gefühle noch ausführlicher wahrzunehmen und sich aus der Identifikation mit den

ihnen zugrunde liegenden Gedanken zu lösen, oder es gibt noch ein unerkanntes Gefühl, das im Weg steht. Sie finden dieses Gefühl, indem Sie die Übung wiederholen und wieder vom Körper ausgehen, wie oben beschrieben.

(Falls Sie mehr und ausführlicher mit dieser Übung arbeiten möchten, empfehle ich Ihnen die Lektüre meiner Bücher *Das Tao des Herzens, Herz öffnen statt Kopf zerbrechen, Aufwachen und lachen* und *Befreie deine Sehnsucht* (siehe Literaturverzeichnis), in denen ich die Arbeit ausführlich dargestellt habe.)

Ist es gefährlich, sein Herz für fremde Gefühle zu öffnen?

Manche Menschen meinen, es sei gefährlich, sich der inneren Realität anderer zu öffnen. Vielleicht fürchten sie, aus den Herzen ihrer Mitmenschen könne etwas Gefährliches, Ansteckendes auf sie überspringen. Ich kenne diese Angst, aber wie alle anderen emotionalen Reaktionen auch hat sie nichts mit der äußeren Realität zu tun. Sie ist einfach ein Gefühl, das sich aus einem Gedanken herleitet, und man kann sie ebenso bewusst fühlen wie das, wovor man Angst hat (indem man sich das Schlimmste vorstellt, das passieren kann, und darauf achtet, wie man sich dabei fühlt). Wenn Sie Ihre Angst und das Gefühl, vor dem Sie Angst haben, bewusst fühlen, werden Sie anschließend merken, dass kein fremdes Gefühl Macht über Sie hat, es sei denn, Sie lassen es zu, weil Sie nicht bei sich sind. Sobald Sie bei sich sind und sich fühlen, sind Sie automatisch geschützt. Wenn mein Herz, mein Körper und mein Energiefeld von mir bewohnt sind (anstatt im Stich gelassen, weil ich mich in Gedanken woanders befinde), kann sich nichts Fremdes in mir breitmachen. Ich kann mein Herz für fremde Gefühle öffnen. Das ist ein bewusster Akt des Mitgefühls, geradezu das Gegenteil von einer »Besetzung« durch ein fremdes Gefühl.

Abgesehen davon gibt es weder in unserem eigenen Herzen noch im Herzen unserer Mitmenschen irgendetwas, wovor wir uns fürchten müssten. Es gibt nichts, dem man nicht gefahrlos bis auf den Grund fühlen könnte, und dieser Grund ist immer unschuldig und schön. Im Grunde unseres Herzens sind wir alle Kinder, so erwachsen, rational oder zynisch wir auch auftreten mögen, und unsere innersten Gefühle sind sehr einfach. Jede unserer negativen Emotionen, seien sie noch so finster und noch so abgefeimt, liegt ein Schmerz zugrunde, der nicht gefühlt wurde und vor dem wir schreckliche Angst haben. Und alle unsere bösen, aggressiven oder auch bitteren Gefühle sind nichts als Versuche, diesen Schmerz abzuwehren.

Gefühle, denen man bewusst sein Herz öffnet, sind weder ansteckend, noch können sie uns verletzen. Wenn wir unser Herz öffnen, befinden wir uns auf einer Ebene, auf der wir über die Identifikation mit unseren eigenen Emotionen erhaben sind (wir können unsere Emotionen mitfühlend wahrnehmen, sind aber nicht mit ihnen identifiziert). Es gibt also nichts, was uns verletzen könnte. Wir können das Gefühl eines anderen Menschen einfach als sein Gefühl wahrnehmen und achten, ohne dass es etwas in uns auslöst (außer den Herzensregungen Achtung, Erbarmen und Verständnis, die automatisch entstehen, wenn das Herz sich einem Gefühl öffnet). Wir nehmen es nicht persönlich, da wir uns gar nicht auf der persönlichen Ebene befinden, sondern auf einer höheren.

Manchmal beschwert sich jemand: »Ich habe mein Herz für meinen Partner geöffnet, und in diesem Zustand der Offenheit bin ich dann so sehr von ihm verletzt worden, dass ich beschlossen habe, mich nie wieder zu öffnen.« Hier handelt es sich um eine Verwechslung. Die Person hat beispielsweise mit ihrem Partner Krach gehabt und fühlte sich zutiefst beleidigt und verletzt. Doch irgendwann, als ihr die Kontaktsperre zu lange dauerte, meldete sich ihre Sehnsucht nach Liebe und Geborgenheit und der Wunsch, diese mögen sich wieder einstellen. Doch anstatt diese Sehnsucht bewusst wahrzunehmen (und auf diese Weise bei sich zu sein), ging sie gleich zum Handeln über (war also »außer sich«). Getrieben von ihrer Sehnsucht überging sie ihre Verletztheit und bewegte sich mit einer versöhnlichen Geste auf ihren Partner zu. Dieser wies sie zurück oder sagte etwas Unfreundliches oder gar Gehässiges – aus seiner eigenen Verletztheit heraus. Und nun zieht sich unsere Freundin zutiefst getroffen hinter ihren Schutzwall zurück und schwört, nie wieder ihr Herz zu öffnen. Aber tatsächlich war ihr Herz gar nicht offen gewesen. Sie war verletzt, anstatt ihre Verletztheit zu *fühlen*. Sie hatte ihr Herz nicht für ihren Schmerz geöffnet, sondern zugelassen, dass ihre Sehnsucht nach Wiederherstellung von Liebe und Geborgenheit den Schmerz der Verletzung verdrängte. Ihr Herz war nicht offen. Vielmehr ließ sie sich von einer nicht bewusst gefühlten Emotion verleiten, auf ihren Partner zuzugehen.

Hätte sie ihr Herz geöffnet, wäre die Sache vielleicht so abgelaufen: Sie hat Krach mit ihrem Partner. Sie zieht sich zurück und *fühlt* ihre Emotionen, ihre Wut, ihre Verletztheit, ihren Schmerz. Auf diese Weise löst sich ihre Identifikation mit den Gedanken, aus denen diese Gefühle entstanden sind. Sie erkennt, dass es Gedanken sind und nicht die Realität, und öffnet ihr Herz für ihre Gefühle. In dem daraus entstehenden Zustand der Offenheit kann sie wahrnehmen, wie ihr Partner sich fühlt. Sie kann seinen Zorn und seinen Schmerz (der wahrscheinlich der gleiche ist wie ihrer) in ihrem Herzen fühlen. Plötzlich ist ihr Herz von Verständnis, Achtung und Mitgefühl erfüllt. Geht sie nun auf ihren Partner zu, ist sie für ihn offen. Wie auch immer er reagiert – annehmend, erleichtert, trotzig oder abweisend –, sie wird seine Gefühle einfach wahrnehmen können, ohne emotional darauf zu reagieren. Tut sie es doch, hat sie ihr Herz erneut vor seiner inneren Realität verschlossen und ist in ihren eigenen »Film« zurückgerutscht. Ist sie aber wach genug, um das zu merken, fühlt sie die neu aufgetauchte Emotion bewusst. Sobald sie ihr Herz für dieses Gefühl geöffnet hat, ist sie wieder offen für ihren Partner. Nun kann sie ihm erzählen, wie sie sich gefühlt hat, ohne ihm die Verantwortung für diese Gefühle aufzubürden. Dadurch gibt sie ihm die Möglichkeit, sie zu verstehen.

Die meisten von uns sind in ihrer Vergangenheit so tief verletzt worden und haben so wenig Selbstliebe und Selbstachtung, dass sie sich erst viele, viele Male ihren eigenen Emotionen und den darunter verborgenen seelischen Schmerzen zuwenden und sich aus vielen negativen Grundüberzeugungen herausholen müssen, bevor sie in der Lage sind, ihr Herz nicht nur für winzige Momente zu öffnen, sondern offenzuhalten. Wir sollten uns nicht dafür verurteilen, sondern uns im Gegenteil Achtung dafür entgegenbringen, dass wir uns mit unseren tiefen seelischen Verletzungen, deren Schmerz niemand außer uns selbst verstehen kann, so tapfer durchschlagen.

Ist es gefährlich, sein Herz zu öffnen? Nein, nein und nochmals nein.

Es ist aber sehr gefährlich, es verschlossen zu halten. Es macht das physische Herz und letztlich auch den Rest unseres Körpers krank. Es macht uns unglücklich. Es vergiftet unsere Beziehungen. Es wird unseren Mitmenschen nicht gerecht. Es verschließt uns vor der Wahrheit und lässt uns zu Wesen werden, die andere und damit sich selbst verletzen, herabwürdigen, kritisieren, betrügen und auf gröbere oder subtilere Weise schädigen.

Das Gefühl meines Mitmenschen zu fühlen, ist schön.

Es bringt mich in die Wahrheit von Liebe und Verbundenheit zurück und weckt Achtung und Verständnis in mir. Nun weiß ich, dass es nichts zu verzeihen gibt und keinen Grund, sich zu verteidigen oder anzugreifen. Der andere ist ein Mensch wie ich, mit einem tiefen Schmerz und einer großen Sehnsucht. Ich verneige mich vor ihm und achte sein Schicksal[7], während mein Herz von Verständnis und Erbarmen erfüllt ist. So schön ist dieser Zustand der Liebe, dass ich nichts weiter will als lieben.

Das ist schön, nicht wahr? Wahrscheinlich haben Sie diese Erfahrung auch schon gemacht. Aber unweigerlich fallen wir zurück. Wir öffnen uns und verschließen uns wieder und wieder und wieder. Wenn wir unverdrossen weiter üben, unser Herz zu öffnen und offenzuhalten, fällt die Öffnung mit der Zeit immer leichter, und die Liebe vermehrt sich auch ohne unser Zutun auf wundersame Weise. Es ist ähnlich wie mit dem Pflanzen: Wir werden nicht ernten, wenn wir nicht säen (= die Bereitschaft wecken) und wahrscheinlich auch nicht, wenn wir die Pflanzen nicht bewässern (= üben), aber dennoch wachsen sie auch ohne unser Zutun heran und vermehren sich von selbst.

---

7 Diese Formulierung, die ich sehr hilfreich finde, habe ich von Bert Hellinger übernommen.

Emotionale Dramen in Paarbeziehungen

Viele Menschen verbringen Jahre, Jahrzehnte, manchmal ihr ganzes Leben damit, unzufrieden mit ihren Beziehungen zu sein, sich nach mehr Erfüllung zu sehnen und über alles zu klagen und zu schimpfen, was ihr Partner ihnen vorenthält, verweigert oder antut. Auch ich habe lange anklagend auf meinen jeweiligen Partner geschaut, weil er die Tür nicht öffnete, zu der ich selbst den Schlüssel in der Hand hielt, die Tür zu meinem Glück, zur Erfüllung meiner Sehnsucht, meiner Wünsche, meiner Träume. Und er schaute anklagend auf mich, weil ich mich weigerte, die Tür zu seinem Glück zu öffnen. Aber zu dieser Tür hielt er den Schlüssel in der Hand und nicht ich. Auf diese Weise blieben beide Türen geschlossen, und wir hatten stets von neuem Grund zu klagen und zu schimpfen.

Durch die Praxis der körperzentrierten Herzensarbeit begann ich zu entdecken, dass *Fühlen* der Schlüssel zu diesem Problem ist. Sobald ich mich meinem Gefühl zuwende, anstatt es auf meinen Partner zu projizieren, spüre ich, wie die Verantwortung für mein eigenes Glück, die ich in seine Hände gelegt hatte, zu mir zurückkehrt, und mit ihr erwache ich aus Ohnmacht, Resignation, Wut, Trotz, Verbitterung, Anklage und Trauer und entdecke, dass die Quelle der Sehnsucht, die in meinem Herzen fließt, zugleich die Quelle der Erfüllung ist.

Wahrscheinlich ist das durch reines Lesen nicht nachzuvollziehen. Ich könnte es vielleicht rational erklären, aber wirklich verstehen, was gemeint ist, werden Sie erst, wenn Sie es ausprobiert haben.

Die Verantwortung zurücknehmen

Denken Sie an etwas, was Sie sich von Ihrem Partner wünschen oder von ihm/ihr fordern und nicht oder nicht genügend bekommen, oder an etwas, weswegen Sie ihm/ihr grollen. In diesem Fall müssen Sie sich einen Augenblick Zeit nehmen, um den Schmerz und die unerfüllte Sehnsucht unter diesem Groll zu entdecken.

Zweck dieser Übung ist es, zu der Sehnsucht vorzudringen, die Sie auf Ihren Partner oder Ihre Partnerin projizieren, und sie zu fühlen.

Was ist es, das Sie von ihm oder ihr ersehnen?

Wonach genau sehnen Sie sich?

Können Sie diese Sehnsucht fühlen? Wie fühlt sie sich an?

Was braucht sie von Ihrem Herzen? Prüfen Sie, welches der erlösende Schlüssel ist: wahrgenommen werden? Gefühlt werden? Angenommen werden? Beachtung? Raum? Respekt? Erlaubnis? Für möglich gehalten werden[8]?

Merken Sie, wie die Verantwortung für die Erfüllung dieser Sehnsucht und damit für Ihr Glück genau in dem Moment zu

---

8 Kurzform für: dass ihre Erfüllung für möglich gehalten wird. Hier sollten Sie nicht den Kopf einschalten und rational untersuchen, ob Erfüllung möglich ist, sondern Ihr Herz dazu bewegen, sich der Sehnsucht zu öffnen und ihr das zu geben, was sie braucht: eine Chance, Befreiung vom Deckel der »Unmöglichkeit«.

Ihnen zurückkehrt, da Sie beginnen, Ihre Sehnsucht zu fühlen, und aufhören, sie auf den anderen zu projizieren?

Gehen Sie einen Schritt weiter, und lassen Sie sich von Ihrer Sehnsucht zu dem ersehnten Gefühl tragen. Wie würden Sie sich fühlen, wenn Ihre Sehnsucht schon erfüllt wäre? Erforschen Sie, wie dieses schöne Gefühl sich anfühlt. Es existiert bereits. Sie brauchen niemand anderen, der es in Ihnen weckt. Sie müssen es nur wahrnehmen. Was braucht es sonst noch von Ihrem Herzen?

Erlaubnis, da zu sein? Raum? Beachtung?

Nun befinden Sie sich innerlich in einem Zustand der Erfüllung. Vielleicht können Sie ihn nicht lange halten. Bemühen Sie sich nicht darum, ihn zu halten. Beobachten Sie nur genau, wann und wodurch Sie wieder herausfallen und beginnen, aus einem nicht gefühlten Mangel heraus Erfüllung von außen zu erwarten. Wenn Sie wach sind, können Sie in dem Augenblick den Mangel und die Sehnsucht als Ihre Gefühle wahrnehmen. Wenn nicht, werden Sie wieder projizieren und möglicherweise frustriert oder enttäuscht werden – oder auch nicht.

Entscheidend ist: Sobald Sie Ihre Emotion fühlen, anstatt sie auf jemanden zu projizieren und ihm/ihr die Verantwortung dafür in die Schuhe zu schieben, sind Sie im Zustand von Eigenmacht, Eigenverantwortung und Eigenliebe. Nur von hier aus ist wirkliche Erfüllung möglich.

Solange Sie mit Mangel, Bedürfnis und Sehnsucht identifiziert sind, ohne sie zu fühlen, werden Sie sich mit den Brocken begnügen müssen, die gelegentlich vom Tisch anderer fallen. Sobald Sie Mangel, Bedürfnis und Sehnsucht als Ihre Gefühle wahrnehmen, also fühlen, beginnt Ihr Inneres, die Nahrung hervorzubringen, derer Sie bedürfen. Die Folge ist, dass die Außenwelt Ihnen genau das bringt, wonach Sie sich vorher so sehr gesehnt haben, nur dass Sie jetzt weniger abhängig davon sind. Sie haben es in Ihrem eigenen Innern entdeckt.

Solange Sie mit Ihrem Mangel identifiziert sind, werden Sie im Übrigen das, was Sie von anderen erhalten, nicht wirklich nehmen können. Die Liebe, Zuwendung, Bewunderung, Wertschätzung der Menschen wird an Ihnen abprallen. Für einen Augenblick werden Sie vielleicht zur Kenntnis nehmen, dass man Ihnen diese positiven Gefühle entgegenbringt, aber sie werden Ihr inneres Loch nicht füllen können. Sie werden immer mehr davon brauchen. Ihre Partnerin oder Ihr Partner wird Ihnen immer wieder zeigen und versichern müssen, dass sie oder er Sie liebt oder wertschätzt, und es wird nie genug sein. Sie werden immer wieder in Ihre negative Grundidentifikation zurückfallen. Bewusstes Fühlen setzt dem ein Ende. Genau in dem Moment, in dem Sie beginnen zu *fühlen*, hören Sie auf zu *leiden*.

Das Schlüsselgefühl wahrnehmen

Mein Freund und ich stehen an der Kasse im Supermarkt. Wir legen unsere Einkäufe auf das Förderband. Ich habe einen Korb ausgesucht. Sehr billig. Und praktisch. Na ja, nicht besonders schön. Aber immerhin ein Korb. Wollte ich immer schon haben. Mein Freund nimmt den Korb hoch und mustert ihn kritisch. »War ganz billig«, sage ich. »Wo soll das wieder herumstehen?«, fragt er. »Wir haben doch schon so viel Zeug. Überhaupt ist er scheußlich.« Na gut. Ich sehe es ja ein. Er hat recht. Ich trage den Korb zurück. Auf dem Heimweg im Auto merke ich, dass ich eine Stinkwut habe. »Was denkt er eigentlich, wer er ist!«, schäume ich im Stillen. »Wieso nimmt er sich das Recht zu entscheiden, wofür ich mein Geld ausgebe?« Atmen, fühlen. Ein ganzer Pulk von Gefühlen kämpft darum, von mir wahrgenommen zu werden. Zuvorderst die Wut. Sie presst mir die Kiefer zusammen, spannt mir die Arme an. Sie möchte wahrgenommen und anerkannt werden. Gut. Fühlt sich gut an. Worüber bin ich so wütend? Ich lausche meinen Gedanken. »Es ist einfach Unrecht«, empört sich eine Stimme. »Das ist totale Entmündigung. Es ist so demütigend.« Aha. Empörung. Unrecht. Entmündigung. Demütigung. Alles Gefühle. Eins nach dem anderen nehme ich sie wahr. Unrecht ist ein bisschen schwierig zu fühlen, sehr subtil, aber es geht. Trotzdem stecke ich noch im Drama. Es muss noch ein Gefühl geben, mit dem ich identifiziert bin und das ich übersehe. Also noch mal von vorn. Wie war das an der Kasse, als mein Freund den Korb vom Band nahm und verächtlich musterte? Ein Bild taucht vor meinem inneren Auge auf, das mich zeigt, wie ich an seinem Willen wie an einer großen, starken Mauer abpralle. Aha. Ohnmacht. Das ist das Gefühl, das den ganzen Aufruhr verursacht hat. Ich richte meine Aufmerksamkeit auf das Gefühl der Ohnmacht, beginne es zu *fühlen*, und sofort tritt Frieden ein. Ohnmächtig. Ja, so habe ich mich gefühlt. Jetzt, wo ich es fühle, ist mir klar, dass ich nicht ohnmächtig *war*, sondern mich nur so *gefühlt* habe. Ich hätte den Korb ganz einfach kaufen können. Keine Macht der Welt, auch mein Freund nicht, hätte mich daran hindern können, wenn ich es wirklich gewollt hätte. Aber unbewusst war ich davon überzeugt, ohnmächtig zu sein. Deshalb konnte ich es nicht.

Nun ist mir auch klar, dass das Ganze kein Unrecht war, auch keine Aktion von Entmündigung oder Demütigung. Vielmehr hatte ich ganz einfach die Macht über die Kaufentscheidung abgegeben, zum Glück übrigens, denn der Korb war wirklich scheußlich.

In jeder Situation, die uns ein Problem bereitet, gibt es ein Gefühl, das den Schlüssel zur Problematik darstellt. Im obigen Beispiel war es Ohnmacht. Es ist immer das Gefühl, das auf dem Berg von Emotionen ganz obenauf sitzt und übersehen wird. Um aus dem Drama herauszukommen, muss man sich keineswegs immer durch alle Gefühle hindurchfühlen. Man muss das Gefühl finden, an dem es »hängt« – das oberste, das, mit dem man so sehr identifiziert ist, dass man es übersieht.

Er und Sie – Dialoge

In unseren Beziehungen könnten wir uns einfach angewöhnen, unsere wahren Gefühle auszudrücken und einander mitzuteilen. Damit hätten wir eine gute Möglichkeit, das Ping-Pong-Spiel der gegenseitigen Vorwürfe und
Erwartungen zu beenden und die daran geknüpften Missverständnisse zu klären. Doch um seine Wahrheit ausdrücken zu können, muss man sie kennen. Anstatt gleich
besinnungslos drauflos zu reden und zu handeln, muss
man in sich hineinspüren und hineinhorchen, bevor man
spricht oder reagiert.

Das Folgende sind Beispiele für die typischen besin-
nungslosen Mann-Frau-Dialoge voller unbewusster Projektionen und Missverständnisse, die jeweils einem ehrli-
chen und besonnenen Dialog gegenübergestellt werden.

Zu spät

Antonella und Paul bereiten sich auf eine Einladung zum
Abendessen bei Bekannten vor. Das Essen ist für 20.00
Uhr angesetzt. Es ist schon zehn nach acht, und Antonella
ist immer noch nicht fertig.

Paul (mit den Autoschlüsseln klappernd): »Wir sollten
uns wirklich mehr bemühen, pünktlich zu sein. Es ist
nicht schön, die Leute warten zu lassen.«

Antonella (weinerlich): »Ich bin aber noch nicht fertig!
Immer sind dir andere Leute wichtiger als ich!«

Die Fahrt zu den Bekannten findet in feindseligem Schweigen statt. Antonella meint gehört zu haben, dass Paul zu ihr gesagt hat: »Diese Leute sind mir wichtiger als du. Du bist mir nicht wichtig. Du bist mir gleichgültig.«

Infolgedessen fühlt sie sich nicht wertgeschätzt, gleichgültig behandelt, herabgesetzt. Sie wehrt sich, indem sie sich empört.

Paul hat es natürlich ganz anders gemeint. Hätte er gleich seine wahren Gefühle ausgedrückt, wäre die Geschichte wahrscheinlich so abgelaufen:

Paul: »Ich bin nervös, weil du so bummelst, denn ich möchte so gern pünktlich bei unseren Freunden erscheinen. Es ist mir peinlich, zu spät zu kommen, und ich habe Angst vor Peinlichkeit. Ich schäme mich dann immer so. Deshalb ärgere ich mich über dich, wenn du mich in eine peinliche Situation bringst. Bitte erspare mir das und beeile dich.«

Antonella: »Oh je, das wusste ich nicht. Tut mir Leid. Natürlich beeile ich mich. Bin sofort fertig. Ich kann mich ja im Auto kämmen … Für nächstes Mal weiß ich es.«

Paul (gütig): »Na ja, so schlimm ist es auch wieder nicht. Wir werden uns eine gute Ausrede einfallen lassen.«

Fröhlich lachend verlassen sie das Haus.

Allerdings hätte Antonella in diesem angenehmeren Szenario keine Gelegenheit gehabt, sich der diversen seelischen Verletzungen aus ihrer Kindheit bewusst zu werden, die durch Pauls falsche und unachtsame Ausdrucksweise in ihr berührt wurden. Für Menschen, die sich um Bewusstheit bemühen, gibt es keine falschen Situationen. Jede Situation, jedes Verhalten des Partners, jedes Ereignis kann uns Gelegenheit geben, uns der Gefühle und Überzeugungen bewusst zu werden, die uns beherrschen, ohne dass wir es bisher bemerkt haben.

Missverständnis

Frederic sagt zu Marion: »Ein schönes Kleid hast du da an. Ist es nicht ein wenig eng?«

Marion hört: »Du bist zu dick für dieses Kleid. Das ist hässlich. Du gefällst mir nicht. Ich lehne dich ab.«

Ihre unbewusste Grundidentifikation: Ich bin hässlich, man lehnt mich ab.

Frederic hat aber gemeint: »Das Kleid ist wirklich sexy, aber ich habe Angst, dass andere Männer das auch bemerken. Ich habe Angst, dich zu verlieren. Bitte zieh ein Kleid an, das nicht so auffällig ist, oder versichere mir, dass du es nur meinetwegen trägst.«

Seine unbewusste Grundidentifikation: Man verlässt mich. Ich kann mich auf Liebe nicht verlassen.

Rasenmähen

Sandra (seufzend): »Das Gras muss schon wieder gemäht werden.«

Erik (abweisend): »Weiß ich selbst. Hab noch keine Zeit gehabt.«

Wie Erik Sandras Worte interpretiert: »Du hast das Gras nicht gemäht. Du hast schon wieder etwas falsch gemacht. Du bist ein Versager.«

Er fühlt sich angeklagt und als Versager und reagiert mit Wut, Schuldgefühl und Rechtfertigung.

Was Sandra wirklich dachte und fühlte: »Oh je, jetzt muss ich den Rasen mähen. Ich fühle mich ganz entmutigt, weil immer so viel zu tun ist. Es ist mir alles zu viel. Aber ich kann nicht schon wieder von dir verlangen, dass du die Arbeit tust, eigentlich bin ich dran. Aber ich schaffe es nicht. Es ist zu viel. Ich bin so müde. Ich sprech's mal aufs Geratewohl an … Vielleicht bist du ja nett und tust es wieder für mich.«

Sie fühlt sich überfordert, resigniert, schuldig.

Wie hätte der wahre Dialog zwischen Sandra und Erik aussehen können?

Variante 1: Sie bringt ihre wahren Gedanken und Gefühle zum Ausdruck.

Sandra: »Oh je, der Rasen ist schon wieder so hoch ... Eigentlich sollte ich ihn mähen, ich bin dran. Andererseits bin ich müde. Es ist mir alles zu viel. Ich fühle mich überfordert, weil ständig etwas zu tun ist. Ich habe aber Angst, dir das auch noch aufzubürden. Ich würde mich damit schuldig fühlen. Ich wage nicht, dich zu bitten ... Aber vielleicht finden wir ja eine Lösung.«

Erik: »Kein Problem, ruh dich nur aus. Mir macht Rasenmähen Spaß.«

Variante 2: Er drückt seine wahren Gefühle aus.

Sandra (seufzend): »Das Gras muss schon wieder gemäht werden.«

Erik: »So, wie du das sagst, habe ich den Eindruck, dass du mir vorwirfst, mal wieder nicht gut genug gearbeitet zu haben ... Da fühle ich mich mal wieder als Versager.«

Sandra (erschrocken): »Ach nein, so habe ich es überhaupt nicht gemeint. Im Gegenteil. Du tust schon so viel für mich. Ich mag dir nicht noch mehr aufbürden. Dann fühle ich mich schuldig. Es ist mir nur im Augenblick alles zu viel, ich fühle mich total überfordert. Und eigentlich auch entmutigt. Da gibt es keine Lösung, nicht wahr? Du sollst es nicht tun, damit ich mich nicht schuldig fühle, und ich kann es nicht tun, weil ich zu müde bin ...«

Erik, lachend: »Dafür gibt es ja die Heinzelmännchen.« (Schreitet tatkräftig auf den Rasenmäher zu.)

Doppelte Täuschung

Herbert und Claudia gehen spazieren. Sie wandern langsam einen Hügel hinauf, er voran, sie hinterher. Ihre Haare und ihr leichtes Sommerkleid flattern im Wind, die Sonne scheint, die Grillen zirpen. Ein schöner Tag. Allerdings ist der Aufstieg für Claudia ein wenig anstrengend. Oben auf dem Hügel bleibt Herbert stehen, dreht sich nach Claudia um, strahlt sie an. Sie geht ihm freudig entgegen, beglückt von seinem strahlenden Blick, und denkt: Wie schön, ich scheine ihm zu gefallen. Als sie oben angekommen ist, ein wenig außer Atem, sagt er: »Du solltest mal wieder Sport treiben.«

Sie sackt in sich zusammen und interpretiert: »Wie hässlich du bist. Alt und schwabbelig. So lehne ich dich ab. Damit ich dich wieder lieben kann, musst du anders werden.«

Ihre Gefühle: Schock, Enttäuschung, das Gefühl, abgelehnt und ungeliebt zu sein.

Was er in Wahrheit gemeint hatte: »Ich liebe dich so sehr. Es tut mir weh zu sehen, wie du dich anstrengen musst, weil du zugenommen hast und nicht mehr so fit bist und obendrein darunter leidest, dich hässlich zu fühlen. Vielleicht hilft es dir, wenn du Sport treibst und dich wieder schöner fühlen kannst.«

Seine Gefühle: Liebe, Zärtlichkeit, Bedauern, Mitgefühl.

Fühlen für Männer

Männer haben im Allgemeinen mehr Schwierigkeiten als Frauen, ihre Gefühle überhaupt zu bemerken. Spricht man sie darauf an, dass sie sich gerade über etwas ärgern, traurig sind oder vor etwas fürchten, leugnen sie es oft, und zwar meist deshalb, weil sie es selbst nicht merken. Es gibt sogar ein Buch darüber mit dem Titel *Allein schafft ein Mann das nie*. In meine Seminare kommen weitaus mehr Frauen als Männer, und fast alle Männer kommen nach eigener Aussage, weil sie »fühlen lernen wollen«.

Ich möchte hier nicht darüber spekulieren, was Fühlen für Männer schwieriger macht als für Frauen. Wir haben das alle viele Male gehört und gelesen: die Erziehung, die Vorbilder, das Rollenverständnis, aber auch die Haltung der Frauen, die an ihren Männern meist typisch männliche Qualitäten wie Tatkraft, zielorientiertes Verhalten, Stärke und Intellekt schätzen. Zwar leiden und klagen sie, wenn sie tatsächlich einen so männlichen Mann zum Partner haben, darüber, dass er nicht so einfühlend und verständnisvoll ist und nicht so gut zuhören kann wie eine beste Freundin, aber die wenigsten würden ihn gegen einen »Softie« eintauschen. Es herrscht immer noch die Vorstellung, dass sich Männlichkeit und Fühlen schlecht vereinbaren lassen.

Das ist aber nicht die Wahrheit, sondern nur eine Vorstellung, wenn auch eine, die sich tief eingegraben hat. Einmal hatte ich das Vergnügen, ein Seminar zu geben, bei dem fast alle Teilnehmer Männer waren, und drei- oder viermal eines mit etwa fünfzig Prozent männlichen Teilnehmern. Selten ist so viel und so offen gefühlt worden wie in diesen Seminaren. Männer haben sehr wohl Gefühle und sind auch in der Lage, sie wahrzunehmen und auszudrücken. Ihrer Männlichkeit tut das keinen Abbruch, und es hat auch nicht zur Folge, dass sie den Respekt der Frauen verlieren. Im Gegenteil: Frauen achten Männer, die ihre Gefühle überspielen und leugnen, wie das in der typischen Männerwelt üblich ist, eher weniger und behandeln sie oft mit jener mütterlichen Herablassung, mit der sie sich auch über Kinder amüsieren können. Der Mann ist ganz offenbar verletzt oder wütend, und jeder merkt es, außer ihm. Er ignoriert es. Er leugnet es. Er wird wütend, wenn man ihn darauf anspricht, und leugnet dann auch diese Wut. Das bringt ihm keine Achtung bei Frauen ein. Umgekehrt erlebe ich immer wieder einen enormen Anstieg der weiblichen Achtung, wenn ein Mann es wagt, sich seiner Trauer, seiner Angst oder seiner Wut zu öffnen und sie sich selbst und anderen einzugestehen. Wir wissen, dass das viel Mut verlangt. Denn die Überzeugung, ein Schwächling, ein Versager, ein Schlappschwanz, ein Nichtmann zu sein, wenn man Gefühle hat, sitzt tief. Ich glaube – und bin nicht die Einzige damit –, es ist an der Zeit, dass Männer wieder fühlen lernen. Doch der Weg dahin mag für sie anders aussehen als für Frauen.

Atmen bringt Gefühle an die Oberfläche

Nichts bringt ein Gefühl schneller an die Oberfläche als der Atem. »Du musst atmen, atmen, bis dir der Kopf platzt«, sagte einmal ein männlicher Seminarteilnehmer zu einem anderen. Männern empfehle ich das bewusste Atmen ganz besonders. Frauen wissen meist ohnehin, was sie fühlen, und Gefühle, die ihnen nicht bewusst sind, befördern sie schnell an die Oberfläche; zum einen, weil Gefühle sie sehr interessieren, zum anderen, weil sie gewohnt sind, ihre Aufmerksamkeit auf Gefühle zu richten. Männer richten ihre Aufmerksamkeit statt auf Gefühle mehr auf Tatsachen, Argumente und Gegenstände. Sie sind es nicht gewohnt, Gefühle zu bemerken. Wenn sie es doch versuchen, geht dieser Versuch meist vom Kopf aus. Sie versuchen zu erdenken, was sie fühlen könnten. Aber mit dem Verstand kann man nicht fühlen. Bewusstes, gern auch absichtlich etwas forciertes Atmen hilft fühlen. (Bei Atemnot oder blockierter Atmung den Atem bitte nicht forcieren, sondern ihn so, wie er ist, als Teil des Gefühls wahrnehmen.)

Laufen mit Gefühl

Viele Männer treiben Sport nicht nur, um fit zu bleiben, sondern auch, um Problemen und Gefühlen zu entrinnen. Nichts befreit uns schneller aus einem inneren Drama als ein guter Lauf, ein Squash- oder ein Fußballspiel. Der Effekt sportlicher Betätigung lässt sich aber auch nutzen, um sich seiner Gefühle bewusst zu werden, anstatt sie zu verdrängen.

Nutzen Sie die Energie, die beim Laufen (oder sonstigen Sportarten) mobilisiert wird, um sich vorhandener Gefühle bewusst zu werden. Laufen, kicken oder boxen Sie mit Ihrer Wut, statt die Wut nur auszuagieren oder loswerden zu wollen. Nehmen Sie sich vor Ihrer sportlichen Betätigung (vielleicht nicht bei einem Wettkampfsport, sondern eher bei einem Training, das Sie allein betreiben) vor, Gefühle, die im Augenblick vorhanden sind, aber vielleicht nicht oder nicht genug bemerkt werden, durch den schnelleren Energie-, Atem- und Blutumsatz aus Ihrem Körper in Ihr Bewusstsein zu befördern. Lassen Sie alles hochkommen, was sich meldet. Es ist nicht notwendig innezuhalten, um die Gefühle tiefer zu betrachten. Lassen Sie sie einfach hochkommen und nehmen Sie sie mit. Sie werden merken, dass sich Ihre Energie dadurch nicht verringert, sondern erhöht. (Die Gefühle sind ohnehin da und blockieren Ihren Energiefluss, wenn Sie sie nicht bemerken. Fühlen Sie sie, wird die Energie freigesetzt, die sie zuvor festhielten.) Wenn Sie an einem Mannschafts- oder Wettkampfsport teilnehmen, üben Sie, die durch die Spielsituationen in Ihnen geweckten Gefühle bewusst wahrzunehmen (beispielsweise Aufregung, Angst zu versagen, Stress, Begeisterung, Freude, Trauer, Wut). Damit meine ich nicht, dass Sie Extraenergie und besondere Aufmerksamkeit auf Ihre Gefühle richten sollen, sondern dass Sie die Gefühle, die Sie ohnehin in sich wahrnehmen, auch fühlen, statt sie nur auszuagieren, wie es beim Sport oft der Fall ist.

Musik hören

Musik kann Ihnen besser als alles andere zum Fühlen verhelfen, jedenfalls wenn Sie Musik (gleich, welcher Art) lieben. Jede Musik weckt Emotion. Manche weckt Kraft, Freude und Begeisterung, eine andere ein Gefühl von Schönheit und Liebe und wieder eine andere Heimweh oder emotionale Liebesgefühle. Manche Musik ruft Stolz oder Zorn wach, eine andere Frieden und Harmonie oder auch Stress, Abneigung oder Widerwillen. Manche Musik wirkt stärkend, eine andere schwächend (wie man mit kinesiologischen Muskeltests feststellen kann). Hören Sie gelegentlich bewusst Musik, die Sie mögen oder nicht mögen, und tun Sie am besten nichts anderes dabei. Schließen Sie die Augen, lassen Sie die Musik auf sich wirken und erlauben Sie sich, die Gefühle hochkommen zu lassen, die sie in Ihnen weckt. Spüren Sie Ihren Atem. Das hilft, die Gefühle zu fühlen und sie nicht nur gedanklich wahrzunehmen.

Körperzentrierte Herzensarbeit für Männer

Wenn Sie die Methode der körperzentrierten Herzensarbeit (die ich an früherer Stelle in diesem Buch vorgestellt und in anderen Büchern ausführlich beschrieben habe) schätzen, aber Schwierigkeiten haben, in Ihren Körperempfindungen Gefühle zu erkennen (was bei Männern öfter der Fall ist als bei Frauen), machen Sie es umgekehrt. Anstatt die Aufmerksamkeit gleich auf Ihren Körper zu richten, richten Sie sie zuerst auf Ihre Gedanken und untersuchen diese auf die Gefühle, die darin verborgen sind. Nehmen Sie sich ein Gefühl nach dem anderen vor. Lassen Sie es reden. Hören Sie zu, wie es sich in Ihren Gedanken ausdrückt. Richten Sie dann Ihre Aufmerksamkeit auf Ihren Körper, und stellen Sie fest, wie es sich anfühlt, dieses Gefühl zu haben. Begeben Sie sich mit Ihrer Wahrnehmung und Ihrem Atem in den Teil des Körpers, in dem Sie das Gefühl spüren, und atmen Sie bewusst. Nun können Sie das Gefühl bewusst erleben, sprich *fühlen*.

Sich ein Ziel setzen

Zum archetypisch Männlichen gehört eine zielgerichtete Haltung. Tun, um etwas zu erreichen, ist für Männer natürlich, während für Frauen »vor sich hin existieren« natürlich ist. Die meisten Frauen können einfach spazieren gehen und Eindrücke genüsslich in sich aufnehmen, während Männer das in der Regel langweilig finden. Wenn es jedoch darum geht, ein Ziel zu erreichen – bis zu einer Höhle zu wandern, einen Gipfel zu erklimmen, etwas zu sammeln oder zu jagen – legen sie problemlos große Strecken zurück. Das ist kein kulturbedingter, sondern ein archetypischer Unterschied, der sich auch im Unterschied zwischen Penis (zielgerichtet) und Vagina (empfangend) widerspiegelt.

Bei der Weitergabe meiner körperzentrierten Herzensarbeit habe ich immer wieder festgestellt, dass Männer sich etwas schwerer tun mit der Vorstellung, ein Gefühl einfach nur wahrzunehmen und sein Herz dafür zu öffnen – nicht um etwas zu erreichen, sondern einfach, weil das Gefühl eben da ist und das braucht. Das scheint – vom Archetyp her betrachtet – eine eher weibliche Herangehensweise zu sein.

Männer (und die männliche Seite der Frauen) wollen ein Ziel. Sie neigen dazu, lösungsorientiert zu sein. Ihnen empfehle ich deshalb, sich ein klares Ziel zu setzen, bevor sie an die Übung der körperzentrierten Herzensarbeit oder überhaupt an das bewusste Fühlen herangehen. Fragen Sie sich zunächst: Wozu soll mir die Übung dienen? und: Welchen Zweck möchte ich damit erreichen?

Probieren Sie aus, ob die Übung mit Ihrem Zweck »kompatibel« ist.

(Zwecke, die sich mit dem Charakter der Übung vertragen, sind beispielsweise Probleme lösen, Klarheit finden, unabhängig werden, mehr Bewusstheit erreichen, einer Sache innerlich auf den Grund gehen, eventuell ein körperliches Symptom zum Verschwinden bringen oder jedenfalls bessern.)

Wir müssen aufhören, das Verdrängen von Gefühlen als ein Zeichen von Stärke und Männlichkeit zu interpretieren, und verstehen, dass es ganz besonders viel Stärke und Mut erfordert, seine Gefühle wahrzunehmen und zu ihnen zu stehen. Nichts ist bewundernswerter und schöner als ein Mann mit Stärke, Mut und Autorität, der ein offenes Herz hat, also fühlen und mitfühlen kann. Solche Männer braucht unsere Welt, wie ich glaube, dringend, denn falsch verstandene Männlichkeit hat schon so viel zerstört. Es ist Zeit, dass Männer wieder fühlen lernen und dass Frauen lernen, Männer in ihren Gefühlen zu achten.

Fühlen für Frauen

Wir Frauen tun uns leichter mit dem Fühlen als Männer, aber ebenso wie es einen typisch männlichen Fehler im Umgang mit Gefühlen gibt (cool sein, verdrängen), gibt es auch einen typisch weiblichen. Wir neigen dazu, uns von unseren Gefühlen überschwemmen zu lassen. Und wenn ich mich von einem Gefühl überschwemmen lasse, fühle ich es nicht, sondern gehe in ihm unter. Sich einem Gefühl zuzuwenden und es bewusst wahrzunehmen, erfordert eine gewisse Nüchternheit, die vielleicht der eher männliche Teil der Übung ist. Anstatt die zu sein, die das Gefühl erleidet, muss ich die werden, die es wahrnimmt, und diese Wahrnehmung muss von einer absolut neutralen Warte aus geschehen, sonst bleibe ich identifiziert.

Aufgrund ihrer körperlichen Überlegenheit und ihrer etwas gröberen Natur haben Männer Frauen viel angetan und tun es vielerorts heute noch. Unterdrückung, Demütigung, Vergewaltigung, Ungerechtigkeit, Mangel an Respekt und Lieblosigkeit sind nur einige der Ungeheuerlichkeiten, die Frauen von Männern zugefügt wurden und noch werden. Den Schmerz, den Groll und die Wut über all das tragen Frauen immer noch in sich, jedenfalls die Frauen meiner Generation. (Vielleicht endet das in unseren westlichen Ländern mit der Generation, die heute die Jugend ist.) Wir neigen deshalb dazu, unseren männlichen Partnern mehr abzuverlangen und aufzubürden, als sie geben und tragen können. Wir halten sie unbewusst – oder bewusst – in einer Art Kollektiv-schuld gefangen. Wir überfordern sie. Aber noch viel wichtiger ist, dass wir uns damit aller Chancen berauben, jemals das zu bekommen, was wir uns wünschen und wonach wir uns sehnen: Respekt, Macht, Autorität, Un-abhängigkeit, Gehör, Würde, Größe und schließlich auch unsere Erfüllung als Frau.

Andererseits neigen wir dazu, den Männern zu viel ab-zunehmen, sie auf mütterliche Weise zu schützen und zu schonen, anstatt sie in ihrer Eigenverantwortung zu be-lassen. Dahinter steckt nicht Liebe, sondern Angst. (Um diese Angst zu finden, müssen Sie sich nur vorstellen, Sie hörten auf, ihn zu schonen und zu schützen. Was wäre dann schlimm für Sie?)

Beide Verhaltensweisen – den Männern zu viel aufzu-bürden und ihnen zu viel abzunehmen – sind der Realität nicht angemessen und schaffen genau die Verstrickung, an der wir letztlich selbst ersticken.

Es gibt nur eins, was uns aus der unseligen Verstrickung mit den Männern befreien kann, nämlich die Verantwor-tung für unsere Gefühle selbst zu übernehmen und auf-zuhören, sie unseren männlichen Partnern aufzuhalsen. Wir müssen beginnen, unsere Ohnmacht, unseren Groll, unseren Zorn, unsere Empörung, Trauer, Resignation, Bit-terkeit, unseren Schmerz, unsere Angst, unsere Erniedri-gung, unser Kleinsein, unsere Schwäche, unser Gefühl, im Stich gelassen, verraten, betrogen und Opfer von Un-recht zu sein, als unsere eigenen Gefühle wahrzunehmen. Kein Mann wird kommen und uns davon erlösen, selbst der wunderbarste Traummann nicht. Er kann es nicht. Es sind unsere eigenen Gefühle. Und wenn sie hundertmal auf Tatsachen zurückgehen, für die Männer einst verant-wortlich waren; jetzt sind es unsere eigenen Gefühle, und was sie brauchen, ist, dass wir unser Herz für sie öffnen.

Das ist das Einzige, was uns befreien kann. Nicht die Achtung, das Mitgefühl und das Verständnis der Männer, sondern unser eigenes. Und ebenso wie unseren Schmerz, unsere Ohnmacht und unseren Zorn müssen wir anfangen, unsere Sehnsucht, unser Verlangen, unsere Verliebtheit, unsere Liebe zu *fühlen*, anstatt sie auf einen Mann zu projizieren. *Fühlen* wir sie, anstatt nur von ihnen getrieben zu sein, so werden sie zu einer Kraft, die uns erfüllt und aufrichtet. Projizieren wir sie nur, ohne sie zu fühlen, so machen sie uns klein, schwach und abhängig.

Wir können die Projektionen nicht vermeiden. Sie geschehen unabsichtlich und automatisch. Aber wir können sie erkennen und nutzen. Jedes Mal, wenn ich emotional auf meinen Partner reagiere, fühle ich mich durch die beteiligten Emotionen hindurch, bis ich auf den Schmerz und die darunterliegende Sehnsucht gestoßen bin, die meist auf ein unerfülltes kindliches Grundbedürfnis zurückgeht. Habe ich den Schmerz und die Sehnsucht gefühlt und auf diese Weise zu mir zurückgeholt, so kann ich meine Wahrnehmung meines Partners von dem Bild (zum Beispiel meines Vaters), das ich auf ihn projiziert hatte, befreien. Mir wird klar, dass er nicht mein Vater oder meine Mutter ist und dass mein Gefühl nichts mit ihm zu tun hat.

Wenn wir unsere männlichen Partner von unseren Projektionen befreien, können wir ihnen aufrecht in die Augen schauen. Dann können wir einander wahrnehmen, wie wir sind, und als das nehmen, was wir sind: ein Mann und eine Frau, zwei Menschen, die verschieden sind, aber im Herzen die gleichen Ängste, Sehnsüchte und die gleiche Verletzlichkeit haben; zwei erwachsene Menschen, jeder mit seiner eigenen Geschichte und seinem eigenen Hintergrund – nicht Stellvertreter unserer Eltern und dafür verantwortlich, deren Unterlassungen zu kompensieren.

Fühlen und Sexualität

Das wohl schönste und zugleich schwierigste Gebiet, auf dem Männer und Frauen wieder fühlen lernen können, ist die Sexualität. Sex ist Fühlen in Reinkultur. Obendrein weckt er eine riesige Palette an Emotionen in uns, die das eigentliche Fühlen überdecken oder verhindern können, darunter auch viele, die eigentlich gar nicht in die sexuelle Begegnung gehören, sondern in unsere Kindheit und die Beziehung mit unseren Eltern.

Sex kann die reinste, ehrlichste und intensivste Begegnung zwischen zwei Menschen sein. Schließlich sind beide nackt und umarmen, berühren, durchdringen einander, wie es in keinem anderen Lebensbereich möglich ist.

Aber die unbewussten Negatividentifikationen lauern stets im Hintergrund und beherrschen das Spielfeld, ohne dass die Spieler es merken. Die Überzeugung, ein Versager zu sein, es nicht zu schaffen, abgelehnt, ungeliebt, verachtet, hässlich, nicht liebenswert zu sein; die Angst, sich zu blamieren, es falsch zu machen, zu scheitern, leer auszugehen, die Angst vor Ungerechtigkeit, Zurückweisung und so fort. Sehnsüchte schleichen sich in die sexuelle Beziehung ein, die nur eine Mutter oder ein Vater erfüllen kann, und auch nur solange man ein kleines Kind ist. Da ist zum Beispiel die Sehnsucht nach dem wirklich befriedigenden, »satt machenden« Hautkontakt, die nur durch ausgiebigen Körperkontakt mit der Mutter in der

Babyzeit gestillt werden kann; die Sehnsucht, gestillt zu werden, die ebenfalls nur in der Babyzeit und nur an der Nahrung und Liebe zugleich spendenden Brust der Mutter gestillt werden kann, nicht aber im Erwachsenenalter durch die Brust einer Partnerin oder die Zuwendung eines Partners; die Sehnsucht nach Schutz und Geborgenheit; die Sehnsucht, sich als geliebt, anerkannt, wertgeschätzt, als etwas Wichtiges und Kostbares zu erfahren – alles Grundbedürfnisse des heranwachsenden Kindes, die, wenn sie in der Kindheit nicht gestillt wurden, immer als Mangel in der Psyche des Erwachsenen existieren werden, so sehr sich Beziehungspartner auch bemühen mögen, ihn auszugleichen.

Das Einzige, was uns befreien kann, ist, unseren eigenen Mangel und Schmerz zu fühlen, mit Achtung und Mitgefühl zu würdigen und die Sehnsucht, die darunter begraben liegt, zu befreien, indem wir sie fühlen und ihr unser Herz öffnen. Erfüllung ist möglich, auch wenn das in der Kindheit Versäumte nie nachgeholt werden kann. Aber sie ist nur möglich, wenn wir sie nicht dort erwarten, wo sie nicht zu finden ist: in der Vergangenheit (indem wir an Groll und Frustration festhalten) oder bei unserem Beziehungspartner (den wir überfordern und dem wir Unrecht antun, wenn wir von ihm verlangen, die Sünden unserer Eltern wiedergutzumachen). Erfüllung findet dadurch statt, dass wir den Mangel fühlen, so paradox das auch klingen mag. Denn alles, wonach wir uns sehnen, ist letztlich ein Gefühl und keine Tatsache, ein Gefühl, das bereits in uns vorhanden ist, im Keim jedenfalls. Momente, in denen wir die Liebe unserer Beziehungspartner oder anderer Menschen spüren, können uns helfen, dieses Gefühl in uns zu entdecken. Alles, was wir dann zu tun haben, ist, ihm Aufmerksamkeit zu schenken, es bewusst zu fühlen (anstatt es nur zu haben und im nächsten Moment wieder zu verlieren) und ihm einen festen Platz in unserem Herzen zu geben, indem wir prüfen, was es braucht: wahrgenommen werden? Anerkennung? Raum? Beachtung? Erlaubnis?

Wenn wir das tun, wird das Gefühl, nach dem wir uns sehnen, nach und nach Realität in uns, und wir brauchen keinen anderen Menschen mehr, der es uns schenkt. Und das Schöne ist: Nach und nach werden wir so erfüllt von diesem Gefühl, dass es ganz von selbst aus uns heraus strömt.

Genau dort, wo unser größter Mangel liegt, liegt auch unser größtes Potenzial.

Der Mangel ist wie ein Gefäß. Ein kleines Gefäß kann wenig aufnehmen, ein großes viel. Solange wir von unserem Mangel und den ihn begleitenden Emotionen beherrscht werden, bleiben wir unerfüllt. Sobald wir den Mangel fühlen und als Gefühl annehmen, wird er zu einem Gefäß, das sich mit genau dem füllt, wonach wir uns sehnen. Und schließlich fließt es über und bereichert die Welt um uns.

Um auf die Sexualität zurückzukommen: Hier sind so viele Emotionen im Spiel wie wohl auf keinem anderen Gebiet. Guter Sex besteht aber nicht aus möglichst vielen Emotionen, sondern ist frei von Emotionen, ist reines Fühlen, von Haut zu Haut, von Herz zu Herz, unmittelbarer Kontakt. Emotionen verdunkeln und verzerren die Begegnung und gehören hier nicht hin. Sie beziehen sich auf die Vergangenheit. Sie haben mit unserem Elternhaus und teilweise sogar mit unseren Vorfahren zu tun. Solange wir von ihnen beherrscht werden, sind wir nicht zu zweit im Bett, sondern zu vielen. Alle unsere unerlösten inneren Kinder verschiedener Altersstufen, unsere Eltern und einige unserer Vorfahren sind in gewisser Weise mit dabei. Indem wir unsere Gefühle bewusst wahrnehmen –

fühlen –, gelangen wir in die Gegenwart und befreien uns von den Gespenstern der Vergangenheit und unseren Körper und damit auch unsere Sexualität von den Anspannungen und Blockaden, die sie verursachen, solange sie nicht gefühlt werden.

Auf diese Weise kommen wir nach und nach aus der Hölle der Emotionen in die Wunderwelt des Fühlens, wo wir unser sexuelles Verlangen, die Unzahl der Empfindungen, die durch den Hautkontakt ausgelöst werden, unsere Lust, unsere Zärtlichkeit, unsere Liebe und all die verschiedenen Nuancen dieser Gefühle bewusst fühlen können.

Fühlen für Eltern

Mein Appell an alle, die Eltern werden wollen oder vor kurzem Mutter oder Vater geworden sind: Tragt eure Kinder am Körper! Ich habe tausendmal bei anderen miterlebt und auch in meinem eigenen Innern, was es bedeutet, in der Babyphase nicht getragen worden zu sein. In der ersten Zeit unseres Lebens sind wir nicht nur Säuglinge, sondern auch »Traglinge«. Darauf weist die von mir so viel zitierte Jean Liedloff[9] hin, aber eigentlich braucht es diesen Hinweis gar nicht, denn es liegt auf der Hand. Das Erlebnis, getragen zu werden, sicher am warmen Körper von Mutter (oder auch Vater) geborgen zu sein, ihren Herzschlag zu fühlen und von dieser sicheren, wohligen Warte aus passiv an allem teilhaben zu dürfen, was die Mutter erlebt und tut, legt einen Grundstein von unschätzbarem Wert für ein gesundes Vertrauen in das Leben und zugleich für eine wache Aufmerksamkeit für die Welt um uns her (die wir nicht entwickeln, wenn unsere Aufmerksamkeit aus der Not der Trennung heraus ständig auf die fern von unserem Körper weilende Mutter fixiert ist). Am Herzen der Mutter lernen wir fühlen. Im Kontakt mit ihrem Herzen können wir uns angstfrei Gefühlen öffnen.

Und der zweite Appell: Stillt eure Kinder! In so genannten Entwicklungsländern, die uns in puncto Mensch-

---

9 *Auf der Suche nach dem verlorenen Glück,* siehe Literaturverzeichnis.

lichkeit und Weisheit oft weit voraus sind, habe ich manchmal mit Erstaunen beobachtet, dass auch noch ziemlich große Kinder, die bereits laufen, an der Brust der Mutter trinken. Kinder werden getragen und gestillt, bis sie dies nicht mehr wünschen.

Ich weiß, ein Kind zu tragen ist schwer und wird mit der Zeit immer schwerer, und Stillen kann allerlei Probleme verursachen, aber ich glaube, dass diese Probleme gering sind im Vergleich zu denen, die durch Nichttragen und Nichtstillen verursacht werden. Was in der Babyzeit versäumt wurde, kann nie nachgeholt werden. Niemand kann uns später das Erlebnis vermitteln, sicher und geborgen am Leib der Mutter durchs Leben getragen zu werden, und niemand kann uns je stillen. Wir bleiben ein Leben lang unsicher, ängstlich und ungestillt, bis wir lernen, uns dieser Gefühle bewusst zu werden, sie zu fühlen und die in ihnen verborgene Sehnsucht nachträglich ins Herz zu holen.

Aber nicht nur im Interesse der Kinder, sondern auch in dem der Mütter sind Fläschchen und Kinderwagen traurige Hilfsmittel. Die Zeit des Stillens ist auch für die Mutter eine ganz besondere Zeit, in der es etwas zu fühlen gibt, das in keiner anderen Situation erlebt werden kann: das Strömen der Nahrung nicht nur aus der Brust, sondern auch aus dem Herzen; den innigen Kontakt, die tiefe Befriedigung des Stillens; die heilige Stille, die Mutter und Kind erfüllt, den sinnlichen Genuss. Wer kann trennen, welches Gefühl dem Kind und welches der Mutter gehört? Teilen sie nicht ein Gefühl miteinander? Eine nie wiederkehrende kostbare Zeit der Intimität?

Abgesehen davon sind Kinder, die gestillt und getragen werden, später wesentlich umgänglicher und zufriedener als diejenigen, die mit Fläschchen und Kinderwagen großgezogen wurden. (Ausnahmen bestätigen die Regel.)

Wenn Sie das nicht glauben, müssen Sie mal nach Afrika gehen. Wie habe ich über die afrikanischen Kinderhorden gestaunt, die nach dem Schulunterricht nicht herumlärmen, und über die Kinder, die den Wünschen ihrer Eltern still und höflich nachkommen, ohne von diesen gemaßregelt, genötigt oder geprügelt zu werden – ganz einfach, weil es das natürlichste der Welt ist, dass Kinder freundlich und respektvoll zu ihren Eltern sind. (Nicht, dass die Afrikaner keine Probleme hätten, aber die typischen Neurosen, mit denen ein Großteil dieses Buches sich beschäftigt, haben sie nicht.)

In der Münchner »Abendzeitung« vom 17. Juli 2006 stand ein alarmierender Artikel von Prof. Dr. Manfred Spitzer, einem Neurowissenschaftler, über den Fernsehkonsum von Kindern und Jugendlichen. »Fernsehen macht dumm, aggressiv und fett«, ergaben die Forschungen des Professors. Im Durchschnitt fünf Stunden täglich verbringen unsere Kinder mit Fernsehen und Computerspielen. »In zwanzig Jahren können wir, wenn wir Glück haben, gerade noch T-Shirts für die Chinesen nähen«, meint der Professor. So dumm macht Fernsehen die Kinder offenbar.

Eins steht fest: Fernsehen und Computerspiele entfernen uns noch mehr vom Fühlen als alle anderen Gewohnheiten unserer Zivilisation. Am Fernsehen sind von unseren fünf Sinnen nur Augen und Ohren beteiligt, jene Sinnesorgane, die am engsten mit dem Verstand gekoppelt sind. Spüren, Riechen und Schmecken, die Sinneswahrnehmungen, die dem Fühlen näher sind, sind nicht dabei. Wir sehen eine Realität, die wir nicht spüren. Wir spüren uns selbst nicht. Wir sind gar nicht bei uns, wenn wir fernsehen. Und bei Computerspielen ist es genauso. Andere Spiele wie Seilhüpfen oder Verstecken, mit Puppen spielen, Tischtennis oder Fußball, Brett- oder Kartenspiele, Sandburgen bauen, finden alle unter Beteiligung des Körpers und aller fünf Sinne in der realen Welt statt, wenn auch in einer künstlichen Spielsituation. Mit Fernsehen und Computer können wir den Verstand über- und Herz und Körper unterstimulieren.

Fernsehen und Computerspiele geben uns etwas, nämlich die Möglichkeit, an Abenteuern teilzuhaben, ohne selbst in Gefahr zu sein. Geschützt und sicher können wir fremde und erfundene Kämpfe, Katastrophen, Kriege und Verwicklungen miterleben. Vielleicht ist dies bei Menschen, die nach so etwas süchtig sind, ein unerfülltes Grundbedürfnis und hat einfach damit zu tun, dass wir nicht getragen wurden. Ein Kind, das in Afrika, Asien oder Südamerika in der dort üblichen Weise aufwächst, wird so lange am Körper der Mutter getragen, wie es möchte, und nimmt an allem teil, was sie tut. Es hat die Erfahrung gemacht, passiv und von einer sicheren, geborgenen Warte aus am Leben anderer teilnehmen zu dürfen. Nur gelegentlich am Körper getragen zu werden, in besonderen Situationen, fern vom Alltagsleben der Mutter, ist nicht dasselbe. Das Wichtige ist, passiv und geschützt teilzuhaben, Abenteuer zu erleben und Erfahrungen zu machen. Wir, die wir zu früh in Kinderwagen und Bettchen verfrachtet wurden, haben diese Erfahrung nicht gemacht. Sie fehlt uns. Und vielleicht holen wir sie nach, indem wir fernsehen.

Dies ist eine Theorie, die ich allerdings aus meiner eigenen inneren Erfahrung abgeleitet habe, als ich die Gefühle untersuchte, die hinter meiner eigenen Fernseh- und Romanlesesucht steckten. Es war das Bedürfnis, vor der Realität geschützt zu sein und trotzdem etwas zu erleben, also aus der sicheren Warte des Sessels heraus am Leben teilzuhaben. Ich weiß nicht, ob man das verallgemeinern kann. Aber vielleicht gibt es Ihnen zu denken.

Ich habe kein Patentrezept, wie man Kinder vom Fern-sehen fernhalten kann, außer dass man rechtzeitig, näm-lich bei Geburt eines Kindes, auf die Idee kommt, eine Ba-sis zu schaffen, die so gesund ist, dass das Kind nicht zur Sucht neigt. Denn Fernsehen macht süchtig. Man steht unter Hypnose, während man fernsieht (wissenschaftlich nachgewiesen). Das bedeutet, dass man nicht mehr Herr seines Willens ist. Wenn schon Erwachsene so sehr vom Fernseher hypnotisiert werden, wie sehr dann erst Kin-der!

Ich vermute, man muss den Kindern die Möglichkeit geben, ein reales Leben zu führen, das befriedigend ist. Ein Leben, das alle Sinne aktiviert, an dem der Körper Freude hat und in dem sie sich fühlen können. Das erin-nert mich an eine Geschichte, die ein Freund mir erzählt hat. Seine Kinder waren – wie es üblich ist – gewohnt, einen Großteil ihrer Zeit mit Fernsehen, Computerspielen und Handytelefonieren zu verbringen. Eines Tages wurden sie von ihrem Onkel eingeladen, Ferien in der Natur zu verbringen. Er hat ein Grundstück in einer ziemlichen Wildnis, wo es nichts gibt – kein Fernsehen, keinen Com-puter, keinen Handyempfang. Die Kinder verbrachten zwei oder drei Wochen dort, und man konnte zuschauen, wie sie von Tag zu Tag lebendiger, kräftiger und freudiger wurden. Sie begannen zu strahlen, und ihre Mutter er-kannte sie kaum wieder, als sie zurückkamen. Die Kinder haben viel gelernt in diesen Ferien und wiederholen sie seitdem regelmäßig. Sie haben erfahren, was es bedeutet, lebendig zu sein und sich zu fühlen. Sie haben gelernt, was wirkliches Leben ist und wie befriedigend es sein kann.

Oft kommen Mütter oder Väter zu mir und fragen, ob sie das, was sie bei mir lernen – bewusst fühlen und Herz öffnen – auch ihren Kindern beibringen können. Aufgrund dessen, was ich beobachtet habe, kann ich behaupten, dass es genug ist, wenn die Eltern fühlen und mitfühlen lernen. Kleine Kinder sind ja noch ganz eng mit den Eltern verbunden. Sie werden automatisch fühlen und dem, was sie fühlen, ihr Herz öffnen, wenn die Eltern es tun. In der Eltern-Kind-Beziehung wie in allen übrigen Beziehungen erscheint es mir wichtig, dass Eltern zuerst ihre eigenen Gefühle bewusst wahrnehmen, bevor sie versuchen, ihr Herz für die Gefühle ihrer Kinder aufzumachen. Wenn Sie sich beispielsweise ständig um Ihr Kind sorgen, können Sie lernen, diese Sorge bewusst zu fühlen, anstatt sie auf Ihr Kind zu projizieren. Öffnen Sie Ihr Herz für Ihr Gefühl von Sorge, für die Angst, die dahintersteckt, und für den Wunsch dahinter, und Sie befreien Ihr Kind von der Last Ihrer sorgenvollen Gedanken. Wenn Sie sich mit einem aufsässigen, bockigen Kind herumplagen, so bemühen Sie sich nicht, eine gute Mami oder ein guter Pappi zu sein und dem Kind aus einem unechten Verständnis heraus alles durchgehen zu lassen, sondern nehmen Sie den Zorn, die Wut, die Verletztheit, den Schmerz, aber auch die Hilflosigkeit, Ratlosigkeit, Entmutigung, also alle Emotionen, die das Verhalten des Kindes in Ihnen auslösen, ganz bewusst als Ihre eigenen Gefühle wahr. *Fühlen* Sie sie, anstatt sie nur zu haben. Öffne Sie ihnen Ihr Herz. Sie werden sehen, dass sie nicht wirklich etwas mit Ihrem Kind zu tun haben, sondern mit Ihrer eigenen Geschichte. Wenn Sie sie bewusst fühlen und ganz zu sich nehmen, ist Ihr Herz offen, und automatisch werden Sie fühlen können, was im Herzen Ihres Kindes vor sich geht, und was es von Ihnen braucht.

Wenn die Bezugspersonen von Kindern ein offenes Herz haben oder in der Lage sind, ihr Herz zu öffnen, können die Kinder in der Sicherheit der Achtung, des Mitgefühls und des Verständnisses, die sie in den Herzen ihrer

Bezugsperson vorfinden, ihre eigenen Gefühle leichter zulassen. Kinder wollen nicht, dass wir sie über einen Schmerz hinwegtrösten oder ihnen ihre Angst ausreden, sondern vielmehr, dass wir ihren Schmerz oder ihre Angst achten, verstehen und mitfühlen (ohne sie zu übernehmen). Wichtig ist, dass wir in solchen Situationen unsere eigene Hilflosigkeit, unseren Wunsch zu helfen, unsere Angst vor Überforderung und unser Mitleid, unseren Wunsch zu beschützen, unsere Sorge und unsere Zärtlichkeit als unsere eigenen Gefühle wahrnehmen, anstatt uns von diesen Gefühlen verleiten zu lassen, uns in die Gefühle unserer Kinder einzumischen und zu versuchen, sie zum Verschwinden zu bringen. Tun wir Letzteres, so signalisieren wir den Kindern durch unser Verhalten, dass es sich um ganz schlimme Gefühle handelt, die gefährlich sind und die man deshalb möglichst schnell verdrängen muss. Wenn wir unsere Gefühle als die unseren wahrnehmen und unsere Kinder mit offenem Herzen in ihren Gefühlen begleiten, lernen sie von uns, dass Gefühle etwas sind, das man zulassen kann, das man fühlen kann, das weder gefährlich noch verboten ist und wovor man keine Angst haben muss.

Durch Fühlen in den seligen Zustand
der Gegenwärtigkeit

Im Allgemeinen dient alles, was wir tun, einem Zweck, bewegt sich auf ein Ziel zu, folgt einer Absicht. Daher unterteilen wir unser Leben in angenehme und unangenehme, aber notwendige Phasen. Die notwendigen Phasen betrachten wir gern als überflüssiges Übel. Wenn ich nach Tahiti reisen möchte, brauche ich Geld dafür. Ich muss also arbeiten (überflüssiges Übel) und mich einschränken (sehr überflüssig), um an mein Ziel »Reise nach Tahiti« (sehr angenehm, jedenfalls in der Vorstellung) zu gelangen. Meine Wohnung ist schmutzig, ich möchte sie sauber haben (angenehm). Dafür muss ich putzen (unangenehm, überflüssig). Ich möchte Karriere machen und ein Top-Sowieso sein (angenehm). Dafür muss ich lange Zeit niedere Arbeiten verrichten (überflüssig) und mich hochdienen, indem ich mich anstrenge (teilweise unangenehm), wichtige Beziehungen pflege (überwiegend unangenehm) und mehr arbeite, als für mich gut ist (unangenehm, überflüssig). Wenn ich zum Einkaufen gehe, ist der Weg eigentlich überflüssig und auch das Einkaufen selbst (es sei denn, ich liebe es). Das eigentlich Interessante ist, das Eingekaufte endlich zu haben. Auf diese Weise verschwenden wir ungeheuer viel Lebenszeit. Wer lebt schon nach der Devise »Jeder Moment ist kostbar«? Es gibt einen Weg, der eigentlich überflüssig ist, und ein Ziel, um das es geht. Je schneller wir ans Ziel kommen, desto besser. Wie traurig! Der größte Teil des Lebens besteht ja aus dem Weg und der kleinste aus dem Ziel.

Von meinem Tai-Chi-Lehrer lernte ich eine andere Betrachtungsweise. Tai-Chi ist eine Abfolge verschiedener Haltungen, die durch fließende Bewegungen miteinander verbunden werden. So könnte man es aus unserer üblichen Sichtweise heraus beschreiben. Mein Lehrer aber sagte: »Beim Tai-Chi bewegen wir uns nicht, um von Punkt A nach Punkt B (= von einer Position zur anderen) zu gelangen, sondern jeder Punkt unserer Bewegungslinie ist gleich wichtig.« Er demonstrierte es, und tatsächlich konnte man keine Etappen wahrnehmen, kein A und kein B, nur eine Bewegung, die immer weiterging, und dennoch war es nichts Verwischtes, Unklares, sondern eine Bewegung von großer Präzision. Der Weg ist das Ziel.

Mini-Übung

Spüren Sie Ihren Atem?

Üben Sie, so oft es Ihnen einfällt, im jeweiligen Augenblick anzukommen. Ganz gleich, ob Sie auf dem Weg zum Einkaufen sind oder in einer Phase Ihrer Arbeit, in der Sie sich auf ein bestimmtes Ziel zu bewegen, tun Sie, was Sie gerade tun, und erleben Sie, was Sie gerade erleben, als sei es Ihr letzter Augenblick auf Erden. Und wenn dies tatsächlich Ihr letzter Augenblick gewesen sein sollte, müssen Sie hinterher im Jenseits nicht schimpfen: »So ein Mist, der Lastwagen hat mich genau in dem Moment überfahren, als ich dabei war, meinen Lottogewinn abzuholen.« Vielmehr können Sie sagen: »Als Letztes habe ich einen wunderbaren Augenblick erlebt, in dem die Sonnenstrahlen durch die Wolken brachen und die ganze Blumenwiese am Straßenrand zum Leuchten brachten.«

Fühlen

Die beste und einfachste Übung, um im jeweiligen Augenblick anzukommen, ist Fühlen. Tun Sie einen tiefen Atemzug, am besten jetzt sofort, während Sie diese Zeilen lesen, und fühlen Sie. Fühlen Sie Ihre Augen, während Sie lesen. Fühlen Sie Ihren Atem ... Ihren Körper ... den Boden unter Ihren Füßen ... die Luft ... Ihre Erschöpfung ... Ihre Lebendigkeit ... Ihre Stimmung ... das Lächeln auf Ihren Lippen oder die Anspannung in Ihrer Stirn ... Ihre Emotion ...

Fühlen Sie, während Sie stehen, während Sie gehen, während Sie was auch immer oder nichts tun, während Sie ruhen, während Sie schauen, hören, riechen, schmecken, während Sie denken.

Merken Sie, wie das Fühlen Sie von der Vorstellung befreit, auf Ihrem Weg von Punkt A nach Punkt B unangenehme, aber notwendige Phasen zu durchlaufen, und Ihnen hilft, sich im gegenwärtigen Augenblick niederzulassen?

Manchmal erinnere ich mich, dass ich sterblich bin und dieses Leben in jedem Augenblick vorbei sein kann. Dann beginne ich die Kostbarkeit des gegenwärtigen Augenblicks zu schätzen, was auch immer ich gerade tue oder erlebe. Anstatt mich als Opfer einer Situation zu fühlen, kann ich sie einfach erleben. Anstatt dem Leben oder meinen Mitmenschen vorzuhalten, was sie mir antun oder verweigern, bin ich einfach da und erlebe. Ich weiß, dass dieses Erleben einzigartig und kostbar ist. Ich fühle, dass ich lebe und dass es keine Etappen und kein Ziel gibt, nur diesen Augenblick.

Das Gehen fühlen

Eine wunderbare Übung ist die Gehmeditation. Früher fand ich es ziemlich albern, wenn ich jemanden in Zeitlupe und mit gesenktem Blick daherwandeln sah; aber als ich es selbst übte, erwies es sich als ungeheuer wertvolle Erfahrung. Und ich erinnere mich immer wieder daran und setze meine Füße bewusster.

Gehmeditation bedeutet: Sie gehen, wohin auch immer Sie sowieso gehen, spüren aber jeden Schritt und jeden Atemzug. Setzen Sie Ihre Füße bewusst. *Fühlen* Sie das Gehen. Nach anfänglicher Ungeduld werden Sie das Bewusstsein dafür verlieren, dass Sie von Punkt A (wichtig) eine Wegstrecke (überflüssig) nach Punkt B (wichtig) zurücklegen, und die Wohltat des Gehens selbst entdecken. Auf diese Weise wird jeder Schritt zu einer einzigartigen Erfahrung. Nichts hat mich je so schnell und gründlich zu mir, in die Mitte, in die Achtsamkeit und ins Fühlen gebracht wie die Übung der Gehmeditation.

Was wir alles tun, statt zu fühlen

Isabelle sitzt am Strand auf einer Liege, in der einen Hand ihr Mobiltelefon, in das sie lebhaft spricht, in der anderen eine brennende Zigarette. Sie telefoniert mit ihrem Freund, eigentlich aus keinem besonderen Anlass, und in den Sprechpausen, während sie zerstreut zuhört und einen Blick auf die blaue, sonnige Kulisse wirft, zieht sie an ihrer Zigarette. Was fühlt sie dabei?

Fühlt sie die Sehnsucht, aus der heraus sie ihren Freund angerufen hat?

Fühlt sie die Angst, er könnte nicht da sein?

Fühlt sie die leichte Frustration, die sie ergreift, weil sie sich nicht so richtig mit ihm verständigen kann?

Fühlt sie das Bedürfnis, aus dem heraus sie versucht, etwas aus ihrer Zigarette herauszuziehen?

Sie fühlt nichts von alledem, und deswegen wird sie kein noch so schöner Strand, kein weiteres Telefonat und auch keine weitere Zigarette von ihrer Unzufriedenheit kurieren und ihre Sehnsucht stillen können.

Würde sie die Sehnsucht in ihrem Herzen *fühlen*, wäre sie ihrem Freund womöglich viel näher und könnte sowohl auf das Telefonat als auch auf die Frustration aufgrund der schlechten Verständigung verzichten. Würde sie ihr ungestilltes Bedürfnis *fühlen*, könnte sie vielleicht sogar auf die Zigarette verzichten. Würde sie den leichten Kitzel, den Genuss und die Befriedigung, die sie aus der Zigarette heraussaugt, *fühlen*, sie wäre zufriedener und

müsste nicht so viel rauchen. Würde sie die Sonne auf ihrer Haut, den leichten Wind, den salzigen Geruch des
Meeres und die Frische und Weite ihrer Umgebung
fühlen, wäre sie womöglich rundum zufrieden und müsste weder rauchen noch telefonieren.

Fühlen und das Immunsystem

Wir verfügen über einen eingebauten Schutzmechanismus, der eigentlich ein unglaubliches Wunder ist. Ohne dass wir es merken, werden in unserem Organismus unzählige Male am Tag und in der Nacht Eindringlinge abgewehrt und unschädlich gemacht. Während wir schlafen, wachen in unserem Innern winzige Soldaten über unsere körperliche Existenz. Aber es gibt nicht nur ein körperliches Immunsystem, sondern auch ein energetisches. Unser Körper ist von einer schützenden Hülle umgeben und durchdrungen, von unserem Energiefeld. Diese uns umgebende und durchdringende Energie erlaubt uns, fühlend mit allem, was uns begegnet, in Kontakt zu treten und unmittelbar festzustellen, ob es uns zuträglich ist oder nicht, sofern wir

a) dessen gewahr sind und in allen Situationen auf unser Gefühl achten,

oder b) so gesund sind, dass wir unbewusst automatisch im Einklang mit den Informationen unseres Energiefelds – unserem Gefühl – handeln.

Doch meistens trifft weder a) noch b) auf uns zu, sondern wir befinden uns c) in einem mehr oder weniger ungesunden Zustand (den wir in unserer Gesellschaft für normal halten) und nehmen die Informationen aus unserem Energiefeld nicht wahr.

Wenn wir b) erreichen wollen, müssen wir bei a) beginnen und in allen Situationen – oder jedenfalls in allen, in denen es uns einfällt – auf unser Gefühl achten.

Wer fühlt, ist nicht manipulierbar

Im Allgemeinen sind wir Meister im Manipulieren. Kaum einer von uns ist so bewusst, so ehrlich und so offen, dass er oder sie vollständig darauf verzichtet, auch und gerade dann nicht, wenn er/sie Manipulation verabscheut und bekämpft. (Alles, was wir verabscheuen und bekämpfen, können wir in uns selbst finden.) Meistens manipulieren wir völlig unbewusst. Es ist nicht so, dass wir absichtlich die Schwäche eines anderen Menschen ausnutzen, um ihn in die von uns gewünschte Richtung zu zwingen. Es geschieht einfach automatisch. Wir sind alle von Angst beherrscht und zugleich von Sehnsucht. Und solange wir unsere Sehnsucht und unsere Angst nicht bewusst fühlen, sondern uns von ihnen beherrschen lassen, wird die Sehnsucht uns treiben, bestimmte Dinge von anderen zu wünschen, und unsere Angst wird uns daran hindern, sie offen zu erbitten. Das Ergebnis ist, dass wir unbewusst manipulieren, um doch zu bekommen, was wir haben möchten.

Manipulation – die willentliche Beeinflussung einer anderen Person zum Erreichen eigener Ziele – kann so subtil sein, so verborgen, so gut getarnt, so schön in die Watte der Liebe, der Freundlichkeit oder der Fürsorge verpackt, dass wir sie, wenn wir ihr Opfer sind, nicht bemerken. Und wenn wir merken, dass wir manipuliert werden, können wir uns nicht dagegen wehren, denn wie kann man sich gegen etwas wehren, das offensichtlich gar nicht geschieht? Wir fühlen es irgendwie, aber das ganze bewusste Verhalten der betreffenden Person passt überhaupt nicht zu diesem Gefühl.

Was macht uns manipulierbar? Es sind zwei Faktoren. Der eine ist Unbewusstheit: Wir fühlen nicht, was wir fühlen. Wir sind nicht bei uns. Der andere ist Angst.

Sobald ich die fremde Einwirkung auf mich *fühle*, kann sie nicht mehr wirken.

Dadurch dass ich fühle, bin ich bei mir und bin mein eigener Schutz. Wenn ich zum Beispiel wie hypnotisiert zuhöre und verzweifelt überlege, wie ich entrinnen kann, bin ich nicht bei mir. Wenn ich aber fühle, wie ich mich dabei fühle (zum Beispiel festgehalten, überrumpelt, hilflos, wehrlos), bin ich bei mir.

Was mich schützt, ist meine eigene Präsenz.

Immer wenn ich mich von einem fremden Willen beherrschen lasse, habe ich vor etwas Angst. Sonst würde ich das nicht zulassen. Solange mir die Angst nicht bewusst ist, bin ich wehrlos. Dann wird der fremde Wille immer stärker sein als meiner. Wenn man sich die Angst bewusst machen will, kann man sich fragen: Was wäre denn, wenn ich mich nicht beeinflussen lassen, sondern meinem eigenen Wunsch und Willen folgen würde?

Vielleicht taucht zunächst ein gutes Gefühl wie Erleichterung, Befreiung, Freude, Kraft auf, das gefühlt werden will; aber die Angst folgt auf dem Fuße, wenn man nur geduldig genug hinspürt und die Fantasien beobachtet, die bei der Vorstellung, seinen eigenen Willen durchzusetzen, auftauchen: Angst, verlassen zu werden; Angst vor Gewalt; Angst davor, Sympathie oder Zuneigung oder Schutz zu verlieren; Angst vor dem Alleinsein, vor Ablehnung, vor Bestrafung, vor Verurteilung. Das sind nur einige Beispiele für Ängste, die uns unbewusst unter das Joch eines fremden Willens zwingen können.

Sobald man die Angst erkennt, kann man beginnen, sie zu fühlen. Wie fühlt es sich körperlich an, diese Angst zu haben? Wo sitzt sie? Wie spüre ich sie? Mit dem Atem und der Aufmerksamkeit begebe ich mich in die Anspannung der Angst hinein und erlebe sie bewusst. Nun fühle ich meine Angst.

Mehr ist nicht nötig. Sobald ich meine Angst fühle, stehe ich nicht mehr unter fremdem Einfluss, sondern nehme die Dinge wahr, wie sie sind:

a) Jemand versucht zu erreichen, dass ich etwas tue, was ich eigentlich nicht tun möchte.

b) Ich fühle diese Einwirkung.

c) Ich fühle meinen Widerstand.

d) Ich fühle meine Angst, und mir ist bewusst, wovor ich Angst habe. Ich habe beispielsweise Angst, abgelehnt zu werden, wenn ich nicht tue, was der andere will.

e) Ich entscheide, seinem Willen zu folgen, weil ich Angst vor Ablehnung habe.

Verstehen Sie? Wir stehen niemals unter fremdem Einfluss. Wir stehen immer unter unserem eigenen Einfluss, und zwar aufgrund unserer Ängste.

Punkt e) sieht allerdings anders aus, wenn man seine Angst in einer solchen Situation wirklich *fühlt*, zum Beispiel so:

e) Indem ich meine Angst bewusst fühle, habe ich plötzlich den Mut zu sagen, was ich wirklich denke, oder zu tun, was ich wirklich tun möchte.

Das ist das Paradoxe an der Angst. Fühle ich sie nicht, beherrscht sie mich. Fühle ich sie bewusst, bin ich nicht mehr ängstlich.

Fühlen kann von Sucht befreien

Sucht ist ein Ergebnis von Nichtfühlen. Was wir nicht fühlen, ist eine Sehnsucht. Wir fühlen sie nicht, weil wir davon überzeugt sind, dass sie unerfüllbar ist. Und weil wir sie nicht fühlen, beherrscht sie uns.

Da wir die ursprüngliche Sehnsucht für unerfüllbar halten, konzentrieren wir uns nun auf etwas, das ungefähr in die gleiche Richtung weist wie sie, aber nicht ganz: einen Ersatz. Doch der Ersatz befriedigt uns nicht, denn wir wollen ja nicht ihn, sondern das Eigentliche. Und weil uns das Eigentliche unerreichbar erscheint, brauchen wir mehr von dem Ersatz, damit unsere Sehnsucht wenigstens ein kleines bisschen gestillt wird, und dann noch mehr und noch mehr … bis uns der Ersatz entweder umbringt oder wir aufwachen und uns unserer wahren Gefühle bewusst werden.

Sucht ist ein Ergebnis von Nichtfühlen. Was wir nicht fühlen, ist das Gefühl, etwas nicht aushalten zu können. Dieses Gefühl taucht immer dann auf, wenn wir zum Suchtmittel (Alkohol, Zigaretten, Essen, Fernsehen, Romanlesen, Computerspiele, Sex, Streicheleinheiten, Marihuana oder härtere Drogen) greifen wollen. Das ist die Gelegenheit, einmal hinzuschauen. Tipp: Verbieten Sie sich das Suchtmittel nicht, sondern zögern Sie diesen Augenblick nur ein wenig hinaus, um das Gefühl wahrzunehmen.

An diesem Punkt stelle ich mir vor, wie es wäre, wenn

ich nie wieder zu meinem Suchtmittel greifen dürfte. Nie wieder rauchen. Nie wieder Alkohol trinken. Nie wieder Schokolade essen. Oder was immer es ist, das Sie süchtig macht. Zur Beruhigung mache ich mir klar, dass ich doch darf, nämlich gleich anschließend. Jetzt möchte ich mir nur das Gefühl anschauen, um das es geht.

Also: Atmen und sich vorstellen, man dürfe nie wieder zur Droge greifen.

Welches Gefühl taucht auf?

Als Erstes das Gefühl, es nicht aushalten zu können.

Achtung, das ist genau das Gefühl, das Sie beherrscht, wenn Sie zur Droge greifen! Bleiben Sie bei diesem Gefühl und spüren Sie Ihren Atem. Erforschen Sie, wie es sich anfühlt, es nicht aushalten zu können. *Fühlen* Sie es. (Was braucht dieses Gefühl von Ihrem Herzen? Mitgefühl? Achtung? Da sein dürfen? Gefühlt werden?)

Schauen Sie tiefer. Was ist es, das Sie nicht aushalten können?

Was ist das wirklich schlimme Gefühl, das Sie mit der Droge überdeckt haben?

Erinnern Sie sich: Sie dürfen Ihre Droge nehmen, gleich nachher.

Aber jetzt werfen Sie bitte einen Blick auf das schlimme Gefühl. Es ist das, was Sie meinen, nicht aushalten zu können.

Machen Sie sich klar, dass es ein Gefühl ist und keine Tatsache. In diesem Wissen können Sie es zulassen. Wie fühlt es sich an? Lassen Sie noch mehr davon zu. Spüren Sie Ihren Atem. Es ist Ihr Schmerz. Er ist sowieso da, ob Sie ihn wahrnehmen oder nicht. Er wird nicht größer dadurch, dass Sie ihn wahrnehmen. Sie können riskieren, ihn vollständig zuzulassen. Nichts kann passieren, solange Sie wissen, dass er ein Gefühl ist und dass Sie dieses Gefühl kennenlernen möchten.

Welche Sehnsucht lag unter diesem Schmerz begraben? Wonach sehnen Sie sich? Wonach sehnt sich der Teil Ihrer selbst, der an diesem Schmerz leidet?

Öffnen Sie dieser Sehnsucht Ihr Herz, ganz gleich, was der Verstand dazu sagt.

Was braucht sie von Ihrem Herzen?

Stellen Sie sich vor, sie wäre schon erfüllt. Nur als Vorstellung. Ob es nun unlogisch ist oder nicht, man kann es sich ja mal vorstellen.

Wie würden Sie sich fühlen? Fühlen Sie es jetzt.

Das ist das Gefühl, um das es geht.

Erforschen Sie es. Spüren Sie Ihren Atem. Fühlen Sie es mit allen Fasern.

Geben Sie ihm Raum.

Das ist es, worauf sich Ihre Sehnsucht richtet. Nicht auf das Rauchen oder das Trinken oder was sonst Ihre Droge ist, sondern auf dieses Gefühl.

Vielleicht haben Sie jetzt gemerkt, dass es Ihnen bereits gehört, zumindest im Keim. Nun ist es an Ihnen, es wachsen zu lassen, indem Sie ihm Raum und Aufmerksamkeit geben, bis es Sie erfüllt und Sie leichten Herzens auf den Ersatz verzichten können.

Ich habe allerdings die Erfahrung gemacht, dass die Befreiung schon einsetzt, wenn man sich nur des Schmerzes bewusst ist und ihn fühlt. Wenn ich Aussichtslosigkeit als Gefühl wahrnehme, brauche ich nicht mehr zu trinken. In Alkohol ertränken muss ich die Aussichtslosigkeit nur, solange ich sie für eine Tatsache halte. Wenn ich Ungestilltsein als Gefühl wahrnehme, muss ich nicht mehr rauchen. Die Zigarette brauche ich nur, solange ich es unbewusst für eine Tatsache halte und diese für unerträglich. Sobald ich weiß, dass es keine Tatsache, sondern ein Gefühl ist, kann ich es *fühlen*, und das befreit mich von der Sucht.

Entscheidungen fühlen

Wenn eine Entscheidung in unserem Leben ansteht, fühlen wir es. Die Frage ist nur, ob wir dieses Gefühl wahrnehmen oder es überspielen, weil wir es nicht wahrnehmen wollen. Die zweite Frage ist, ob wir wahrnehmen, was die Tatsache, dass wir uns entscheiden müssen, mit uns macht. Löst sie Angst aus? Unsicherheit? Zweifel? Ein Dilemma? Ratlosigkeit? Druck? Unentschiedenheit?

All das sind Gefühle. Solange sie uns beherrschen, werden wir es schwer haben, die richtige Entscheidung zu fühlen. Sie ist nämlich schon in unserem Innern vorhanden. Wir fühlen sie nur nicht, weil sie von diesen Emotionen überdeckt wird.

Die Übung besteht also darin, sich die Angelegenheit, in der eine Entscheidung ansteht, zu vergegenwärtigen, sich das oberste Gefühl bewusst zu machen und es zu fühlen.

Wenn Sie sich unter Druck fühlen, nehmen Sie diesen Druck als Gefühl wahr.

Wenn Sie sich unentschlossen fühlen, fühlen Sie Ihre Unentschlossenheit.

Begnügen Sie sich damit. Suchen Sie nicht nach einer Lösung.

Die Lösung stellt sich automatisch ein, wenn Sie fühlen, was Sie fühlen. Sie kommt nicht, wenn Sie Ihre Angst, Ihre Unentschiedenheit oder Ihren Zweifel verdrängen und nach ihr suchen. Dann werden Sie hin und her irren, ohne sie zu finden. (Hin- und Hergerissensein oder Zerrissenheit ist auch ein Gefühl.)

Unentschlossen zu sein, blockiert die Lösung. Die Unentschlossenheit zu *fühlen*, bringt die Dinge in Fluss. Plötzlich schauen Sie sich um und merken, dass Sie gehandelt haben, ohne dass die Entscheidungsfrage Sie noch groß beschäftigt hätte.

Teil III

In der Welt des Fühlens

In der Welt des Fühlens navigieren

Machen wir uns also auf ins Wunderland des Fühlens. Übungen habe ich Ihnen hoffentlich genügend mitgegeben, Information auch, Tipps und Anregungen ebenfalls. Bleibt also nur noch, all das anzuwenden.

In der Welt des Fühlens zu navigieren, ist zunächst nicht so leicht, denn man muss auf alle Instrumente verzichten, die man sonst benutzt, um zu Erkenntnissen, Eindrücken und Erfahrungen zu gelangen. Man tappt im Dunkeln, und anstatt die Taschenlampe anzuknipsen, muss man lernen, sich auf das zu verlassen, was man wahrnimmt, wenn man nichts wahrnimmt. Das Dunkel bezieht sich in diesem Bild nicht nur auf die optische Wahrnehmung, sondern auf die Wahrnehmung aller Sinne: »Die dunkle Nacht der Sinne.« Nicht nur das Sehen, auch das Hören, das Riechen, das Schmecken und das Tasten müssen zur Seite geschoben werden. Und erst recht das Denken. Das, was da ist, wenn nichts da ist, das ist Fühlen. Das unmittelbare Gefühl. Erst denkt man, dass es nichts ist, weil das Gewohnte nicht da ist. Dann fängt man vielleicht an zu mogeln und interpretiert irgendeinen flüchtigen inneren Gedanken zu einem Gefühl um. Falsch. Um wirklich zu fühlen, muss man auf alles andere verzichten. Das Unmittelbare kann man nicht mit Mitteln erfassen, nur unmittelbar.

Wir sind vielschichtige Wesen. Fühlen findet auf allen Ebenen statt. Wir fühlen körperlich. Das nennt man

Spüren. Unser Körper hat eine Intuition, die wir fühlen können. Die nennt man Instinkt. Wir können Energie spüren, Schwingung und Strahlung. Wir können Emotionen fühlen und Stimmungen. Wir können Ereignisse fühlen, hellfühlend sozusagen. Wir haben ein Gefühl dafür, was wir tun sollen, wohin wir gehen sollen oder was geschehen wird. Das nennt man Intuition.

Da wir nicht gewohnt sind, unsere Aufmerksamkeit auf das Fühlen zu richten, müssen wir es üben. Wie jede andere Fähigkeit aktiviert und entfaltet man auch diese durch Üben.

Als Erstes müssen wir unsere Aufmerksamkeit umkehren. Statt sie auf Objekte in der Welt um uns her zu fixieren, müssen wir sie auf uns selbst richten. Wir müssen lernen, uns selbst zu spüren. Unseren Körper. Unseren Atem. Unser Herz. Das ist dieses ominöse Etwas, mit dem wir fühlen. Es ist nicht das physische Organ, obwohl dieses Organ mit dem eigentlichen Herzen verbunden und sein Ausdruck auf der körperlichen Ebene ist. Es ist auch nicht das Chakra in der Mitte unserer Brust, das Herz unseres Energiekörpers. Es ist das Herz unseres Wesens. Da unser Wesen keine Form hat und nicht wahrgenommen werden kann (weil wir es selbst *sind*), hat auch das Herz unseres Wesens keine Gestalt und keinen Ort, an dem man es finden könnte. Wo also sitzt es?

Wir sind es selbst. In unserer Mitte. Jedes Wort, mit dem man es zu beschreiben versucht, entfernt uns schon wieder von ihm. So einfach, so direkt, so nah ist dieses Herz unserer selbst, dass wir es ständig übersehen, überhören, überfühlen. Das Herz ist kein Etwas. Das Herz sind wir selbst, ganz im Innersten, in der Mitte, im Kern. Dort findet unser inneres Erleben statt, unser Fühlen.

Dieses Fühlen erfahren wir dann, je nachdem, auf welcher Ebene wir wahrnehmen, als körperlichen Zustand, als Energiezustand, als Gedanke, als Schwingung, als Farbe in unserer Aura …

Fühlen findet in unserem nichtkörperlichen Innersten statt und manifestiert sich im Körper, wobei ich unter Körper alle Ebenen des Körpers verstehe, grob- wie feinstoffliche. Um zu fühlen, muss ich mit meiner Aufmerksamkeit dort sein, wo Fühlen sich manifestiert, also im Körper. Ich muss meinen Körper spüren. Das nennt man »bei sich sein«.

Das Vehikel, mit dem sich meine Aufmerksamkeit in den Körper begibt, ist mein Atem. »Ich« sitze nicht oben im Turm meines Kopfes und schicke meine Vorstellungskraft in den Körper. Vielmehr richte »ich« meine Aufmerksamkeit auf meinen Atem, spüre ihn und verschmelze mit ihm. Und mit dem Atem durchdringe ich meinen Körper und fühle.

Das ursprüngliche Gefühl von den Emotionen unterscheiden

Fühlen ist unser inneres Erleben, das sich mit jedem Kontakt verändert – Kontakt mit Nahrung, mit Menschen, mit Bäumen, mit Pflanzen, mit Wind und Wetter, Sonne und Regen, Kontakt mit unserem eigenen Körper und dem Körper eines anderen, mit Musik und so fort. Fühlen ist das unmittelbare Erleben dieses Kontakts. Emotion ist etwas anderes. Emotion ist das Gefühl, das durch unsere Interpretation des Kontakts, des Ereignisses, des Verhaltens der betreffenden Person etc. in uns geweckt wird.

In Zeitlupe betrachtet: Wir erleben den Kontakt in dem Augenblick, in dem er stattfindet (wenn wir genauer beobachten, sogar schon etwas früher). Das ist das unmittelbare Gefühl. Dann taucht eine Assoziation auf (Erinnerung an etwas Ähnliches), die wiederum eine Interpretation auslöst. Dieser Gedanke löst eine Emotion aus, die mit der gegenwärtigen Realität nichts zu tun hat. Wollen wir in die Gegenwart und zum Fühlen dessen, was real ist, zurückkehren, müssen wir unsere Emotion bewusst als solche wahrnehmen und den Gedanken, der sie ausgelöst hat, als solchen erkennen. Auf diese Weise können wir den Film, der sich über die gegenwärtige Realität gelegt hat, von dieser unterscheiden. Vielleicht können wir ihn nicht sofort entfernen, aber immerhin erkennen und dadurch von der Realität unterscheiden. Durch die Emotion hindurch können wir zum unmittelbaren Fühlen zurückkehren.

Das ursprüngliche Gefühl wahrnehmen

Das bewusste Essen ist eine sehr gute Grundübung hierzu. Beginnen Sie diese Übung mit einem Gericht, das keine emotionale Bedeutung für Sie hat – also weder Ihr Lieblingsessen noch eines, das Sie an den letzten Urlaub oder an Ihre Kindheit erinnert, und auch nichts, was Trost oder sonstige emotionale Zustände für Sie symbolisiert. Wählen Sie einfach irgendein Gericht, das Ihnen gut schmeckt.

Bevor Sie zur Gabel greifen, fühlen Sie das Essen, das vor Ihnen auf dem Teller liegt. In einer anderen Bewusstseinseinstellung als der, an die wir gewohnt sind (und die, wie schon gesagt, auf Sinneswahrnehmung und Interpretation beruht), liegt dieses Essen nicht vor Ihnen auf dem Teller, sondern Sie und das Essen sind Teil eines gemeinsamen Ganzen. Ihr Energiefeld und das der Nahrungsmittel durchdringen einander. In gewisser Weise existiert dieses Essen bereits in Ihnen, bevor Sie es verzehrt haben. Deshalb können Sie es fühlen. Es ist leicht. Sie müssen nur sämtliche Sinneseindrücke und gedanklichen Assoziationen zur Seite schieben und wahrnehmen, was übrig bleibt, wenn Sie alles weglassen außer dem Gewahrsein des Gerichts auf Ihrem Teller. Suchen Sie kein bestimmtes Gefühl. Machen Sie es nicht kompliziert. Seien Sie einfach offen und neugierig. Üben Sie dieses Gewahrsein nicht länger als ein paar Sekunden. Später können Sie es mit einem anderen Gericht üben und dann wieder mit einem anderen, um zu entdecken, wie sich was anfühlt.

Wenn Sie den ersten Bissen in den Mund nehmen, nehmen Sie bewusst wahr, wie Sie den Duft durch die Nase einsaugen, und mit diesem Geruch steigt wiederum ein Gefühl in Ihnen auf. Ich meine keine emotionale Assoziation (»das erinnert mich an Italien«), sondern das Fühlen des Kontakts mit dem Aroma.

Nehmen Sie bewusst wahr, was geschieht, wenn Ihre Gabel den Bissen im Mund abgeliefert hat. Spüren Sie die Konsistenz, die Temperatur, den Geschmack. Spüren Sie, wie sich das Weiche im Mund ausbreitet, wie es vielleicht knusprige Überraschungsmomente darin gibt … Spüren Sie, wie das Salzige, Saure, Süße, Scharfe oder Bittere in Ihrem Mund und in Ihrem Körper wirkt … Kauen Sie bewusst, machen Sie sich die Nahrung durch Kauen und Einspeicheln völlig zu eigen, durchdringen Sie sie ganz und gar mit Ihrer Aufmerksamkeit, bevor Sie sie hinunterschlucken.

Wenn Sie Bissen für Bissen jeder Mahlzeit auf diese Weise zu sich nehmen, werden Sie höchstwahrscheinlich in kurzer Zeit neunzig Prozent Ihrer körperlichen Beschwerden und Ihres Übergewichts los. Ich habe diese Erfahrung gemacht. Allerdings gebe ich zu, dass ich die Übung auch nur gelegentlich schaffe und im übrigen Leben zu ungeduldig dazu bin. Dennoch übe ich weiter.

Fühlen Sie den Appetit, den Hunger, die Sättigung, den Stopp-Impuls, den Ihr Körper Ihnen gibt, die Befriedigung danach und eventuell das Gefühl, überfüllt zu sein, ganz bewusst.

Die Emotion vom ursprünglichen Gefühl unterscheiden

Wählen Sie für diese zweite Übung ein Lieblingsgericht, zu dem Sie eine emotionale Beziehung haben, das Gier oder Sucht in Ihnen auslöst, Sie an Ihre Kindheit erinnert, Sie tröstet, belohnt oder sonst etwas Emotionales für Sie repräsentiert. Oder erinnern Sie sich an diese Übung, wenn Sie das nächste Mal wider alle Vernunft und gegen Ihren Instinkt und momentanen Appetit so etwas essen.

Nehmen Sie die Emotion wahr, die Sie dazu treibt, dies zu essen, obwohl Sie es eigentlich nicht wollen. Fühlen Sie die Emotion bewusst. Beurteilen Sie sie nicht, fühlen Sie sie nur. Fühlen Sie die Gier, das Getriebensein, das Verlangen nach Trost, Wärme oder Belohnung; den Wunsch, eine Frustration wegzuessen. Fühlen Sie, was immer Sie dazu treibt, sich etwas einzuverleiben, auf das Sie im Moment gar nicht wirklich Appetit haben.

Nehmen Sie beim ersten Bissen das Gefühl wahr, das dadurch, dass Sie sich das Ersehnte einverleiben, in Ihnen ausgelöst wird. Was ist es? Freude? Befriedigung? Gier nach mehr? Schuldgefühl? Angst? Ein gewisser Reiz oder Kick? Was immer es ist, fühlen Sie es bewusst.

Unterdrücken und beurteilen Sie diese Gefühle nicht, sondern fühlen Sie sie bewusst. Nehmen Sie sie einfach neutral wahr.

Dann sind Sie in der Lage, Ihr direktes Gefühl, das jenseits der Emotion im unmittelbaren Kontakt zwischen Ihrem Körper und der Nahrung entsteht, mit der gleichen Aufmerksamkeit und Neutralität wahrzunehmen. Sie können die Nahrung selbst spüren, ihre Essenz, ihre Qualität, ihre Ausstrahlung. Und Sie können spüren, wie sie auf Ihren Körper wirkt; ob sie ihm guttut oder nicht; ob sie das ist, was Ihr Körper im Augenblick braucht oder nicht. Richten Sie Ihre Aufmerksamkeit dann ganz bewusst auf das sinnliche Erlebnis des Essens, wie in der vorigen Übung beschrieben.

Beobachten Sie, was es mit Ihnen macht, beides wahrzunehmen – das direkte Gefühl und die Emotionen, die per Assoziation hervorgerufen werden.

Ein Tipp fürs Leben

Diese Übungsempfehlung fürs Leben ist vom Thema »Essen« abgeleitet, und zwar von den Empfehlungen, die Leonard und Lillian Pearson in ihrem Buch *Psycho Diät* geben. Diese Autoren haben festgestellt, dass Übergewichtige allein dadurch abnehmen können, dass sie ihrem Appetit folgen. Sie unterscheiden zwischen »summen« und »winken«. Ein Nahrungsmittel »summt«, wenn sich das Bedürfnis danach von innen meldet, und es »winkt«, wenn es uns durch Aussehen, Geruch etc. anlockt. Ihre einzige Diätempfehlung lautet: Nehmen Sie nur summende Nahrungsmittel zu sich, keine winkenden.

Diese Empfehlung finde ich genial, und zwar nicht nur für die Ernährung, sondern für das ganze Leben. Tu das, worauf du von innen her Lust hast, und nicht das, was dich von außen her reizt. Ich entschuldige mich bei meinen Stammlesern für die Wiederholung, glaube aber, dass es uns allen guttut, immer wieder daran erinnert zu werden. Hast du Appetit auf ein Käsebrötchen, dann iss ein Käsebrötchen und ersetze es nicht, um deiner Vorstellung von einer schlankheits- oder gesundheitsfördernden Diät zu folgen, durch einen Apfel. Wenn du genau das isst, worauf du Appetit hast, in genau der Menge und auf genau die Weise, die dein Körper wünscht, bist du hinterher zufrieden und fühlst dich wohl. Isst du stattdessen etwas anderes (weil das, worauf du Appetit hast, gerade nicht vorhanden ist, du zu faul bist, es dir zu beschaffen, oder zu vernünftig, es zu essen), bist du anschließend unzufrieden, fühlst dich nicht erfüllt und wirst noch mehr von dem Ersatz essen. Am Ende hast du zu viel vom Falschen gegessen oder musst dich ständig mit Frustration herumschlagen, die schließlich dazu führt, dass du einmal maßlos über die Stränge schlägst, woraufhin du wieder fasten musst, und so fort.

Die Moral von der Geschichte: Folgen Sie Ihrem Gefühl, statt sich zu etwas verleiten zu lassen. Gewöhnen Sie sich an, das zu tun, was »summt«, wonach Sie also von innen her einen Impuls verspüren, und meiden Sie das, was »winkt«, also von außen her lockt. Die Ernährung eignet sich wunderbar als Basis für diese Praxis. Folgen Sie Ihrem Appetit. Bevor Sie Essen zubereiten oder sich zu einer von jemand anderem zubereiteten Mahlzeit begeben, horchen Sie in Ihren Körper hinein. Worauf haben Sie Appetit? Vielleicht sind Sie nicht immer in der Lage, sich das zu beschaffen, worauf Sie Appetit haben – etwa weil Sie mittags in einer Kantine essen, jemand anders für Sie kocht oder das betreffende Lebensmittel gerade nicht in Reichweite oder für Sie nicht bezahlbar ist. Aber zumindest können Sie sich angewöhnen, Ihren Appetit zu bemerken. Außerdem werden Sie in vielen Fällen etwas finden, was zumindest in die richtige Richtung geht. Nehmen wir an, Sie haben Appetit auf einen Apfel und in der Kantine oder dem Restaurant, in dem Sie zu Mittag essen, gibt es keinen Apfel. Aber es gibt sicher etwas Saures, Frisches, entweder als Salat oder als Dessert. Wenn Sie hingegen Appetit auf etwas Warmes, Deftiges haben, ist es sicher keine gute Idee, stattdessen einen kalten Salat zu essen.

Üben Sie, Ihren Appetit zu bemerken und ihm, wo immer es möglich ist, zu folgen.

Üben Sie, in allen Lebensbereichen über »winkende« Verlockungen hinwegzusehen oder zumindest zu prüfen, ob sie mit dem übereinstimmen, was aus Ihrem Innern an Wünschen oder Impulsen auftaucht.

Üben Sie wahrzunehmen, was geschieht, wenn Sie dem folgen, was von innen her auftaucht.

Üben Sie wahrzunehmen, was geschieht, wenn Sie stattdessen etwas anderes tun.

Dies ist die Instinkt-Fühlübung schlechthin. Sie eignet sich für alle Lebensbereiche. Wenn Sie angestellt sind und einen Vorgesetzten über sich haben, werden Sie in Ihrem Berufsleben vielleicht nicht immer Ihrem eigenen Instinkt folgen können. Aber immerhin können Sie üben, ihn wahrzunehmen, und haben sicher auch hier und da Gelegenheit, ihm zu folgen.

Das Leben als Sinfonie von Gefühlen

So lasset uns denn uns fühlen.

Den Atem. Jedes Einatmen. Jedes Ausatmen.

Wie der Bauch sich hebt und senkt.

Wie der Atem die Nase durchstreift. Die Brust weitet. Den Rücken.

Den Stuhl, auf dem wir sitzen.

Die Luft an unserer Haut. Das Leben um uns herum.

Die Verkrampfungen, Verspannungen und Schmerzen unseres Körpers.

Unsere Energie, unsere Wachheit, unsere Müdigkeit oder Erschöpfung, unsere Aufregung.

Die Langeweile, die Ungeduld, die Erwartung.

Die Atmosphäre des Raums, in dem wir uns aufhalten.

Die Atmosphäre des Nebenraums.

Die Gegenwart der Menschen in unserer Nähe, der Menschen in unseren Gedanken, der Menschen in unserem Herzen. Der Lebewesen, mit denen wir verbunden sind. Der Tiere. Der Blumen. Der Bäume.

Die Weite des Raums.

All die vorhandenen, aber nicht aktuellen Gefühle im Hintergrund.

Die Sehnsucht in unserem Herzen.

Unsere Gegenwart.

Die Gegenwart in unserer Gegenwart. In unserem Herzen. In unserem Atem.

Unseren Herzschlag, unseren Pulsschlag, die Wärme unseres Körpers.

Die Welt, in die wir eingebettet sind.

Die Gefühle der Milliarden fühlenden Wesen. All die Angst. All die Not. All die Sehnsucht.

Das, was das Herz unseres nächsten Mitmenschen bewegt.

Die stumme Gegenwart der Bäume.

Das Licht der Sonne.

Das Leben, das uns durchdringt.

Unsere Hoffnung.

Unsere Angst.

Unseren Zorn.

Unsere Ohnmacht.

Unsere Kraft.

Die Haare auf unserem Kopf und den Boden unter unseren Füßen.

Unser inneres Kind.

Unsere Liebe.

Und die Liebe, die uns umgibt und versorgt.

Mögen wir aufhören zu leiden und anfangen zu fühlen.

Mögen wir aufhören, Leid zu verbreiten, und anfangen mitzufühlen.

Verzeichnis aller Übungen

Verzeichnis der erwähnten Literatur

Kingma, Daphne Rose: *Allein schafft ein Mann das nie. Frauen bringen Männer an ihre Gefühle*, München 1995

Liedloff, Jean: *Auf der Suche nach dem verlorenen Glück. Gegen die Zerstörung unserer Glücksfähigkeit in der frühen Kindheit*, München 1999

Emoto, Masaru: *Wasser und die Kraft des Gebets*, Burgrain 2005

Nidiaye, Safi: *Das Tao des Herzens. Wie Sie Ihre Gefühle befreien*, Kreuzlingen/München 2000

Nidiaye, Safi: *Herz öffnen statt Kopf zerbrechen. Der Weg zu Freiheit, Freude und Frieden*, München 2002

Nidiaye, Safi: *Aufwachen und lachen. Der einfache Weg zur Freiheit von Ärger, Angst und Leid*, München 2004

Nidiaye, Safi: *Befreie deine Sehnsucht. Glanz und Freude ins Leben bringen, damit die Seele atmen kann*, München 2005

Pearson, Leonard und Lillian: *Psycho Diät*, Hamburg 1975

Redfield, James: *Die Prophezeiungen von Celestine*, Berlin, 2004

Spitzer, Manfred: *Vorsicht, Bildschirm*, München 2006